JJGLSYXLJC

经济管理实验系列教材

U0791462

商业银行综合业务实验

SHANGYEYINHANG ZONGHEYEWU SHIYAN

刘晓潮　编著

经济科学出版社
Economic Science Press

总　序

高等学校实验教学是高等教育水平的重要体现，国外著名商学院都非常重视学生的创新能力和实践能力的培养，因而其实验教学受到重视并达到很高的水平。美国麻省理工学院（MIT）作为一所新型大学于1865年建立时，就既重视学生基础理论知识的教育，又强调实际操作能力的培养。“通过实验进行教学”是MIT首任院长罗杰斯的教育信条。因此，MIT要求其所有学生必须至少学习一门实验室课程。MIT旗下的斯隆管理学院则将管理学、心理学等基础实验作为管理科学各专业的必选核心课程，体现了国际顶尖商学院对学生实践环节的高度重视。进入20世纪90年代以来，计算机网络技术在教学领域得到了广泛应用，进一步推动了实验教学的开展。《中华人民共和国高等教育法》规定：“高等教育的任务是培养具有创新精神和实践能力的高级专门人才。”这表明，具有“创新精神和实践能力”是高级人才的重要标志。近几年，在教育部的积极推动和各高校的努力下，经济管理类的实验教学受到重视。经济管理实验教学已被证明在提高学生的综合素质、丰富教学方法等方面具有重大意义。目前，全国许多高校经济管理院系都在积极探索和改革人才培养模式，纷纷提出各自的实验教学发展战略，并积极开展多种形式实验教学课程的探索。

随着科学技术和经济建设的飞速发展，国际经济竞争日益激烈，经济管理类专业在经济和社会发展中的地位越来越重要，培养高素质的创新创业型经济管理类人才，已成为世界高等教育的发展趋势。一方面，经济管理类各专业学科本身具有很强的实践性，决定了实践性教学是其教学体系中重要而不可或缺的环节。另一方面，实验活动所具有的特点和优势，使得经济管理类专业可以通过实验进行教学：（1）可以培养学生的实践能力。实验对学生进行专业技能和方法的训练，发挥学生的主动性和创造性，促使知识向能力转化。（2）可以培养学生的创新能力。在实验中通过操作、观察、分析实验过程与实验结果，培养观察、分析、判断、综合、推理、比较、抽象等创造性的思维能力、创造性的想象能力与创造性的组织、实施某种活动的能力。（3）使学生更能适应社会的需要。基于这些认识，我们感到有必要编写一套适合经济、社会发展需要的经济管理实验系列教材。

福州大学是国家“211 工程”重点建设大学，进入新世纪，福州大学正致力于由教学主导型向教学研究型大学转变。根据党的十七大报告中提出的“实施扩大就业的发展战略”和“促进以创业带动就业”的精神，福州大学提出进一步推进东南强校建设、走区域特色创业型大学强校之路的发展战略。围绕这一发展战略，学校正全面推进教学改革，积极推动创业教学、创业实训、创业实习工作。探索实验教学发展战略和多种形式实验教学课程，不仅是福州大学必须面对的重大课题，也是我国各类高校面向未来发展必须面对的重大课题。依托福州大学管理学院建设的福州大学经济管理实验教学中心，在经济管理实验教学建设方面取得了一些成果。为了总结和交流经济管理实验教学的经验，探讨经济管理实验教学的改革和规律，提高经济管理教学质量，我们组织福州大学管理学院教师，根据他们长期的经济管理实验教学的经验和积累的资料，编写了福州大学经济管理实验系列教材。

本实验系列教材涉及管理学和经济学两大学科门类下属的工商管理、管理科学与工程、应用经济和理论经济四个一级学科，内容涵盖了企业管理、电子商务、市场营销、会计学、财务管理、经济学、国际贸易、金融学、财政学、统计学等十多个经管类本科专业的主要课程。本实验系列教材体现了理论和实践相结合，反映了经济管理操作规律和当代经济管理工作水平，具有一定的先进性；反映了经济社会最新要求，具有较强的适应性。我们希望这套实验教材对系统总结我国经济管理实验教学的发展过程和经验，提高经济管理实验教学水平，推动经济管理实验教学的健康发展，做出积极的贡献。该实验系列教材适用于高等院校相关专业的本科生和硕士研究生的教学需要，也可作为理论教育工作者和从事经济管理工作的在职人员的学习参考用书。

经济管理实验教学尚处于探索、提高阶段，如何构建创新创业型实验教学体系，是我们面临的新课题。我们衷心地期待经济管理界的专家、学者和广大读者对本系列教材，提出宝贵的批评意见。

福州大学管理学院院长　黄志刚博士

2008 年 1 月

前　言

随着我国高等教育由精英教育逐渐向普通教育的转变，各大学的培养目标逐渐倾向于培养应用型人才，而高级应用型人才的培养也正好符合我国当前技能型、操作型人才相对短缺的现状。同时，基于金融行业的特殊性和保密性，学生直接进入金融机构实习也变得越来越难。为了适应新形势的要求，各高校金融类专业基于专业教学的需要，通过采用先进的银行模拟实验软件系统来营造模拟的商业银行环境，建立银行业务的操作平台，构建现代金融信息系统模拟实验室，模拟银行的实时交易过程，以便让学生有一个完善、实用、真实的实践环境来学习银行业务操作。

在高校，进行金融实验室建设的最终目的是通过模拟的交易环境加强学生对现代商业银行理论知识的理解，训练学生的实际动手能力，满足专业课程的实验、实习及课程设计任务，为学生走向社会提供一个理论结合实际的实验环境，促使学生关注最新的商业银行信息技术，训练学生的实际操作能力，为金融专业及其他相关专业的学生走向社会提供一个理论结合实际的实习环境。

为了满足高等院校、职业技术学院发展应用型教育、培养面向21世纪的新型实用型人才的办学需要，我们编写了《商业银行综合业务实验》，供各学校在金融专业实践教学中使用。本书结合深圳智盛信息技术有限公司根据目前国内商业银行的业务情况开发的教学软件，从具体的操作界面入手，一步步详细讲解银行业务的操作过程，力求使学生比较容易地通过该门课程的学习，全面掌握银行业目前的实务操作技能，基本达到一毕业就可以上岗操作的程度，大大缩短学习与职场之间的距离。

本书是商业银行综合业务模拟实验，其内容涵盖了商业银行储蓄方面银行业务的绝大部分，教材使用的软件与目前一些商业银行（如中国工商银行、中国建设银行、中国银行、交通银行、招商银行等）使用的软件区别不大，具有一定的参照性。本书重在培养经济管理类专业，特别是金融、银行会计等专业学生的岗位工作技能、实际操作能力，可作为大学本、专科金融、会计、国际贸易等专业的实践性教学教材，也可以作为学生学完“商业银行经营管理学”之后的实际操作指导教材，还可以作为银行新招员工的培训教材，具有很强的实用性。只要学生熟练掌握了本书的实验内容和操作技能，就能基本适应各大商业银行的银行业务软件，学生在掌握理论知识的同时能够熟悉银行业务的实际操作过程，改变知识结构，成为商业银行真正需要的实用性人才，增强社会就业竞争力。

由于本书首次通过计算机软件涉及高校的实践性教学，可能在许多方面还存在一些没有考虑周全的问题，甚至错误也在所难免，需要在今后的教学及使用中不断完善和改正，因此，希望广大读者提出宝贵的批评与建议，我们一定虚心接受并积极改进，在此，向读者表示真诚的感谢。

福州大学管理学院　刘晓潮

2008年2月于福州旗山大学城

目　　录

第一章

实验准备

本章学习提要

本章主要介绍商业银行综合业务模拟实验的框架结构、业务流程和实验所需的知识，并对今后如何使用和操作该实验作了详细的说明，希望通过本章的学习，使学生熟悉实验的一些专业术语、基本常识和实验操作程序，以对实验有一个总体的了解。

课时安排：专业术语说明1个课时，业务流程培训1个课时，实验操作培训4个课时，系统维护培训1个课时，典型问题解答1个课时。

智盛商业银行综合业务模拟系统是一套采用最新的软件技术开发设计的金融教学软件系统，主要是针对高校及职业类院校金融类或经济类相关专业进行商业银行业务的模拟教学用途。本系统的开发采用最新的银行业务规范，完全按商业银行会计核算方法开发而成，学生通过对本系统业务的模拟操作，可以全面熟悉商业银行的核心业务操作流程及规范，将银行理论知识与银行实际业务有机结合，充分达到理论结合实际的实验目的。

本系统主要包含的功能模块见图1－1。

本系统业务管理模式见图1－2。

第一节　专业术语说明

一、凭证

凭证种类包括支票、汇票、本票、储蓄存折、储蓄存单、一本通存

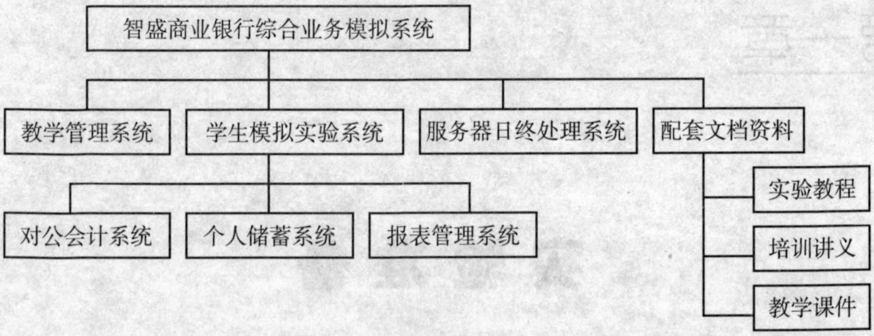

图 1 – 1

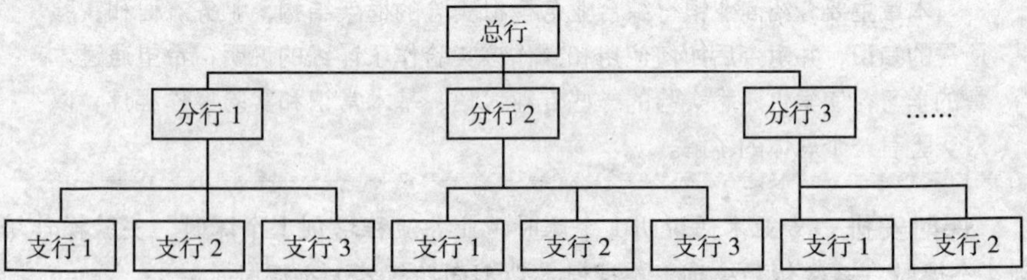

图 1 – 2

折、一卡通等。存折、存单由市行分配，一卡通由卡部分配。

可以用储蓄存折的储种包括：活期、零存整取、通知存款、教育储蓄和存本取息。

整存整取和定活两便都使用储蓄存单。

一本通和一卡通各储种都可使用。

二、凭证领用

系统的凭证领用采取从市行到支行、从支行到网点的二级分配体系。支行到市行领用凭证后，市行管理部门必须将凭证的起始号码位输入中心机房的管理机内，并进行分配操作，将凭证分配到各支行管理机内。同样，支行凭证管理员也要将凭证的起始号码有计划地分配到各网点的库钱箱里，网点凭证负责人在前台机器交易界面选择库钱箱凭证领用交易领入凭证到库钱箱，柜员用凭证出库交易领入凭证。

具体流程：市行库→支行库→网点库钱箱→柜员钱箱。一卡通的分配和普通凭证分配一样，只是一卡通的分配是从卡部开始，而不是市行库。

在本系统中对公业务凭证的领用必须先由总行会计部柜员将凭证领用，再下发给各营业网点，由营业部柜员再领用并出库后才能使用。

三、钱箱号

系统对网点设立库钱箱和柜员钱箱。库钱箱由中心机房建立，柜员钱箱在柜员第一次登录系统注册时柜员钱箱号不输（此时需柜员钱箱不存在），要柜员注册系统做增加柜员钱箱后柜员才生成钱箱号。在柜员钱箱生成后不能办理现金业务，需退出系统重新注册系统（此时需要输入柜员钱箱号）后才能办理现金业务。本所库钱箱本网点所有柜员都可使用，柜员钱箱只许本柜员使用，如果一个柜员不注册钱箱，则只能做转账业务而不能做现金业务。

四、柜员号

柜员由总行统一管理。柜员号5位，网点柜员形式为：S##**，其中S表示该柜员是操作员（如果是A则表示该柜员是ATM），##（01—29）为支行号，**为支行下柜员统一编号（00—99）。例如S0215表示02支行的第15位柜员。K表示该柜员为对公业务柜员，K0001为总行会计部柜员代码，具有下发凭证的权限。

五、存期代码

定期储蓄业务中要求输入存期代码。存期代码共3位：第1位为数字1时表示以天为单位输入存期，为2时表示以月为单位输入存期，为3时表示以年为单位输入存期；后面两位表示相应的存期。现系统中的定期储蓄业务存期代码共有以下几种：1天期通知存款的存期代码为101；7天期通知存款的存期代码为107；3月期定期存款的存期代码为203；6月期定期存款的存期代码为206；1年期定期存款的存期代码为301；2年期定期存款的存期代码为302；3年期定期存款的存期代码为303；5年期定期存款的存期代码为305；8年期定期存款的存期代码为308。

注意：对公账户开户时不需存入现金，系统自动默认为预开户状态，开户时存期代码输入“000”，当发生第一笔存款业务后该账户自动转为正式账户。

六、分析码

分析码为银行系统内部校检码，为任意3位阿拉伯数字，无任何业务含义。

七、客户号

客户号由10位数码组成。第1位用数字0—3表示储蓄账号，4—8表示对公账号，9表示内部账号。第2—9位为顺序号。第10位为校验位。

例如：0 0 0 0 0 0 0 3 4 8 8中，第1位0表示该客户号是储蓄账号，2—9位的00000348是顺序号，表示该客户号是银行开立的第348位客户，最后一位的8表示校验位。因为储蓄账号是0—3，所以加上顺序号后，全行可以有4亿个储蓄客户。

八、账号

对公及储蓄账号共15位，由前10位的客户号和后5位的账号后缀共同组成。其中账号后缀前4位为顺序号，第5位为校验位。

例如：0 0 0 0 0 0 3 4 8 8 0 0 0 1 0表示客户号为0000003488的客户开立的0001第一个子户（顺序号第5位为校验位），每个客户号下可以有1万个分户。

九、表内业务

商业银行资产负债表中所涉及科目的业务为表内业务，表内业务的记账统称为表内记账，如储蓄及对公业务的存取款、转账、结算业务、贷款业务等。表内记账应借贷平衡，其每一笔记账均会影响资产负债表的总额。

十、表外记账

商业银行表外业务是指商业银行所从事的不列入资产负债表且不影响资产负债总额的经营活动。表外业务对应的记账称为表外记账，如商业银行代理业务、中间业务、保证业务、内部往来业务等均为表外业务。

十一、冲账

发生设备/通讯故障、操作员操作错误以及客户不予确认的存、取业务导致的错账，应按照权限管理规定办理冲正，在电脑产生的冲正凭证上注明冲正原因，经网点业务主管确认签字。这一操作过程称为冲账。

十二、活期储蓄

活期储蓄是指无固定存期、可随时存取、存取金额不限的一种比较灵活的储蓄方式。其特点如下：

（1）适用于所有客户；

（2）随时存取，办理手续简便；

（3）资金运用灵活性较高；

（4）人民币一元起存。

十三、整存整取

整存整取是一种由客户选择存款期限，整笔存入，到期提取本息的一种定期储蓄。

特点：

（1）较高的稳定收入：利率较高，利率大小与期限长短成正比。

（2）省心方便：具备整存整取存款到期后自动转存功能，可通过银行提供的多种转账渠道，对一卡通中的存款进行活期转定期或到期定期转活期的操作，还可通过约定转存功能，灵活地管理您的整存整取存款的本息、存期、存款形式等。

（3）资金灵活：在需要资金周转而在银行的整存整取存款未到期时，可以通过自助贷款将账上的整存整取存款作质押、获得个人贷款融资；可部分提前支取一次，但提前支取部分将按支取当日挂牌活期存款利率计息。

（4）起存金额低：人民币起存金额为 50 元。

（5）存期选择多：人民币存期选择有 3 个月、6 个月、1 年、2 年、3 年和 5 年。

十四、定活两便

如果有较大额度的结余，但在不久的将来须随时全额支取使用时，可以选择“定活两便”方式作为您的储蓄存款形式。定活两便是一种事先不约定存期，一次性存入，一次性支取的储蓄存款。

特点：

（1）既有活期之便，又有定期之利，利息按实际存期长短计算，存期越长利率越高。

（2）起存金额低，人民币 50 元即可起存。

（3）支取简单，一次存入，一次支取。

（4）计息规定：存期超过整存整取最低档次且在 1 年以内的，分别按同档次整存整取利率打六折计息；存期超过 1 年（含 1 年）的，一律按 1 年期整存整取利率打六折计息；存期低于整存整取最低档次的，按活期利率计息。

十五、零存整取

如需逐步积累每月结余，可以选择零存整取存款方式。零存整取，是一种事先约定金额，逐月按约定金额存入，到期支取本息的定期储蓄。

特点：

（1）适应面较广，手续简便。

（2）积零成整，收益较高。

（3）起存金额低：人民币5元即可起存。

（4）存期选择多：包括1年、3年、5年。

（5）每月需以固定金额存入：若中途漏存，应在次月补齐。未补齐视同违约，违约后将不再接受客户续存及补存。

十六、存本取息

如果有款项在一定时期内不需动用，只需定期支取利息以作生活零用，可选择存本取息方式作为定期储蓄存款形式。存本取息业务是一种一次存入本金，分次支取利息，到期支取本金的定期储蓄。

特点：

（1）起存金额较高，存款余额稳定。起存金额为人民币5000元。

（2）存期选择多：1年、3年、5年

（3）分期付息：不得提前支取利息，如到取息日而未取息，以后可随时取息，但不计算复息。

十七、个人通知存款

可选择个人通知存款的方式作为大额存款的储蓄形式。个人通知存款是一种不约定存期，支取时需提前通知银行，约定支取日期和金额方能支取的存款。个人通知存款不论实际存期多长，按存款人提前通知的期限长短划分为1天通知存款和7天通知存款两个品种。1天通知存款必须提前1天通知约定支取存款，7天通知存款则必须提前7天通知约定支取存款。通知存款的币种为人民币。

特点：

（1）资金灵活：适用于拥有大额款项，在短期内需支取该款项，或需分期多次支取，或短期内不确定取款日期的客户。

（2）利率高：通知存款利率收益较活期存款高。

（3）智能理财，省心高效：通知到期日，系统自动将您的一卡通中已办理取款通知的通知存款转入活期主账户，节省时间和提高资金利用率。

（4）大额资金管理的好方式：开户及取款起点较高。开户起存金额5万元；最低支取金额为5万元。

十八、教育储蓄

如果有子女正在接受义务教育（小学四年级或以上），而您需要为其未来的出国留学、本科或研究生学习及其他非义务教育积蓄资金，又或者如果本人正在校学习（小学四年级或以上），而需要为自己未来的出国留学、或接受本科、研究生学习及其他非义务教育积蓄资金，都可以选择“教育储蓄”方式作为您的储蓄存款形式。

教育储蓄是一种城乡居民为其本人或其子女接受非义务教育（指九年义务教育之外的全日制高中、大中专、大学本科、硕士和博士研究生）积蓄资金的一种储蓄存款。

特点：

（1）明确的户名：户名为在校小学四年级（含四年级）以上学生。

（2）免收利息税。

（3）优惠的利率：能提供接受非义务教育的证明，即可支取并享受优惠利率（按同档次整存整取利率）。

（4）存期灵活、轻松积累：零存整取方式逐月存入。

（5）起存金额低：每月约定最低起存金额为人民币50元；本金合计最高限额为人民币2万元。

（6）存期选择多：您可选择1年、3年、6年。

十九、个人支票

个人支票是个人签发的，委托办理支票存款业务的银行，在见票时无条件支付确定的金额给收款人或者持票人的票据。

特点：

（1）个人支票即签即付，不受商户硬件条件限制，也无须找赎；

（2）个人信用的体现，提高自身信用价值；

（3）支票户销户前，必须先执行结清操作。

二十、单位通知存款

（1）在存款时不约定存期，并与银行约定存款支取时提前通知期限的一种存款品种。其利率高于活期存款，本金一次存入，多存不限，可一次或多次支取。

（2）目前人民币单位通知存款有1天通知存款和7天通知存款两种，最低起存金额为人民币50万元，最低支取金额为10万元。

二十一、人民币单位协定存款

若因公司业务特点，在银行账户上经常留有大额资金，则可采用银行专门设计的此种存款种类。它通过设定存款基数，实行超额分户计息的办法，既保证了资金随时调度的要求，又可取得高于活期存款利息的收益。办理协议存款，开户单位要与银行签订《协议存款合同》，该合同的期限最长不得超过1年（含1年），合同到期后任何一方没有提出终止或修改合同，即视自动延期，延长期限与上一合同期限一致。协议存款账户下的资金实行分段计息：协议部分和基本额度存款部分，基本存款额度最低为50万元（含50万元），超过这一额度的为协议部分。基本额度存款按人行规定的正常利率计息，协议部分按双方协定的利率计息。

二十二、单位账户种类

（1）人民币基本存款账户：本账户可办理现金收付和日常转账结算。按人民银行账户管理规定，一家单位只能选择一家银行申请开立一个基本存款账户。

（2）人民币一般存款账户：本账户可办理转账结算和现金缴存，不能办理现金支取和代发工资业务。单位可在已开立基本存款账户以外的银行开立此账户；或虽为非独立核算单位，因与主管单位不在同一地点，为单独办理结算业务的需要，经主管单位批准，可申请开立此账户。

（3）人民币临时存款账户：因临时性经营活动需要，可开立此账户。若申请开立临时验资户，须提供工商行政管理局核发的《公司名称预先核准通知书》和该通知书列明的申请人身份证复印件。若您因外地汇入待结算款项，可凭个人身份证开立一“留行待取”账户。

（4）人民币专用存款账户：因特定用途需要，可开立此账户。开立专用存款账户除按开基本存款账户要求提供有关文件外，还须向银行出具下列证明文件之一：经有权部门批准立项的文件；国家有关文件、规定。

二十三、支票

（1）依据《票据法》和人行结算管理办法客户可以按规定使用现金支票和转账支票。深圳地区现行使用普通支票，它可用于支取现金和转账。但在支票左上角划两条平行线的划线支票只能用于转账。单位和个人在同一票据交换区域的各种款项结算，均可使用支票。

（2）支票一律记名，可以背书转让。

（3）支票提示付款期为 10 天（从签发支票的当日起，到期日遇例假顺延）。

（4）支票签发的日期、大小写金额和收款人名称不得更改，其他内容有误，可以划线更正，并加盖预留银行印鉴之一证明。

（5）支票发生遗失，可以向付款银行申请挂失；挂失前已经支付，银行不予受理。

（6）出票人签发空头支票、印章与银行预留印鉴不符的支票、使用支付密码但支付密码错误的支票，银行除将支票做退票处理外，还要按票面金额处以 5% 但不低于 1000 元的罚款。

二十四、银行本票

（1）银行本票是银行签发、承诺自己在见票时无条件支付确定的金额给收款人或者持票人的票据。单位和个人在同一票据交换区域需要支付各种款项，均可使用银行本票。

（2）招行签发的银行本票可在当地各银行通存通兑。通存通兑的本票不受理挂失。

（3）银行本票可以用于转账；注明“现金”字样的，可支取现金。

（4）银行本票的提示付款期，自出票日起最长不得超过2个月。

（5）申请人或收款人为单位的，不得申请签发现金银行本票。

（6）银行本票可以背书转让，但填明“现金”字样的银行本票不得背书转让。

二十五、银行汇票

（1）银行汇票是汇款人将款项交开户银行，由银行签发给汇款人持往异地办理结算或支取现金的票据。适用于单位、个人汇拨各种款项的结算。

（2）银行汇票可以用于转账；填明“现金”字样的，可支取现金。

（3）申请人或者收款人为单位的，不得申请签发现金银行汇票。

（4）银行汇票一律记名，可以背书转让。

（5）银行汇票提示付款期限，自出票日起1个月。

（6）未指定代理付款人的银行汇票丢失，银行不受理挂失止付，仅作道义上的协助防范。

（7）申请人因银行汇票超过付款提示期或其他原因，要求退款时，需持汇票和“解汇通知”到原出票行办理退汇手续。若因缺少“解讫通知联”的汇票要求退汇的，应在汇票提示付款期满一个月后（即签发月开始两个月后）到银行办理退汇。若因银行汇票丢失，要求退汇的，应在提示付款期满一个月后持人民法院出具的有效证明到银行办理退汇。

二十六、商业汇票

（1）商业汇票是由出票人签发，由承兑人承兑，并于到期日向收款人或持票人支付款项的票据。按承兑人的不同，可分为商业承兑汇票和银行承兑汇票。

（2）商业汇票结算方式，同城或异地均可使用。

（3）签发商业汇票必须以真实合法的商品交易为基础。

（4）商业汇票一律记名，允许背书转让。

（5）商业汇票承兑期限，由交易双方确定，最长不超过6个月。

（6）每张银行承兑汇票的金额最高不得超过1000万元。

（7）商业汇票到期日前，收款人和被背书人应送交开户银行办理向付款人提示付款，对逾期超过10日的商业汇票，银行不予受理。

（8）银行承兑汇票的承兑银行按票面金额万分之五向申请人计收承兑手续费。

（9）已承兑的商业汇票丢失，可由失票人通知付款人挂失止付。

（10）对符合条件的未到期银行承兑汇票，持票人可向银行申请贴现。

二十七、同城业务

同城业务是指本行客户与在同城他行开户的客户进行资金存取的业务。

（1）提出代付业务：该交易用于提出代付票据录入的业务处理，即操作员收到客户存入的票据时，录入相关信息。其中票据收款人在银行开户，包括支票、汇票等。

（2）提出代收业务：该交易用于提出代收票据录入的业务处理，即操作员收到客户存入的票据时，录入相关信息。其中票据付款人在银行开户。

（3）提入代付业务：该交易用于提入代付票据录入的业务处理，即操作员收到通过交换提入的银行付款票据时，录入相关信息，录入完成账务处理。其中票据付款人在银行开户，包括支票等。

（4）提入代收业务：该交易用于提入代收票据录入的业务处理，即对方行通过交换将票据提到银行，其中收款人在银行开户，包括收款凭证等。

（5）交换场次切换：该交易用于票据交换场次的切换，即将复核过的报单送给交换员参加交换前进行的操作。交换场次随时间不同而不同，如果是下午进行场次切换，录入的日期为下一工作日，场次为1，即提出的是次日上午一交票据；如果是上午进行场次交换，录入日期为当日，场次为2，即提出的是当日下午二交票据；年终决算最多可以做4场交换。有提入无提出的业务发生，先进行场次切换（报空盘，场次输入为负，分别是-1、-2、-3和-4），再处理提入的业务。

（6）取消场次切换：该交易用于票据交换场次切换的取消。操作完成后，场次恢复为上场。有该场次的提入票据或该场次已清差的不能进行本操作。

（7）同城场次调整：该交易用于切换了交换场次但未到人行交换，发现提出票据有误或要追加票据时的业务处理。

（8）清算时间：一般上午场12：00前，下午场6：00前；一次清算行每天只参加下午的清算。

（9）非法二次查询：该交易用于查询非法二交报单的业务处理，由于边远地区银行不参加人行当日二交，因此在交换前需将这些票据的金额与笔数扣除，系统自动将扣除部分滚入下一场次。通过该交易可以查询出非法二交票据的信息。

二十八、辖内业务

凡在同一分行的各个营业网点（支行）开有存款账户的企业、事业、机关、部队、社会团体和个体工商户等，都可以通过辖内通存通兑方式办理业务。

（1）现金通存：指我行客户在其开户行以外的同城系统内他行办理现金缴存。

（2）转账通存：指我行客户在其开户行以外的同城系统内他行办理支票转账存款。

（3）现金通兑：是指客户签发我行现金支票，在开户行以外的我行网点（代理行）取现业务。

（4）转账通兑：是指客户签发我行转账支票，在开户行以外的我行网点（代理行）办理转账付款业务。

二十九、特约汇款业务

（1）签发特约汇款证：该交易由会员行下属网点操作员完成；使用该交易可实现汇款证签发业务，既签发行受理汇款人递交的特约汇款证委托书，审查无误，由汇款证签发人员根据特约汇款证委托书所列要素录入。

（2）兑付特约汇款证：该交易由会员行下属网点操作员完成。

（3）特约汇款证转汇：该交易由会员行下属网点操作员完成，主要实现网点与市行之间清差划拨。

第二节　业务流程

一、个人银行业务操作总流程

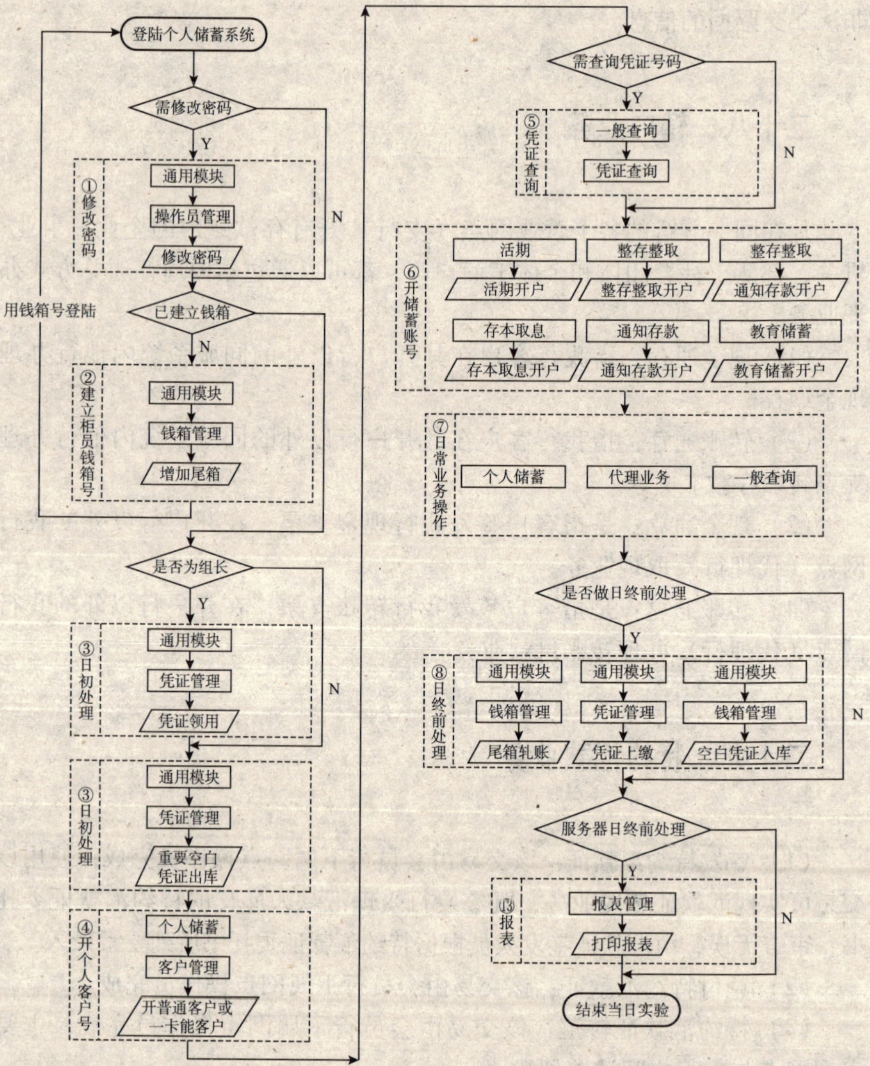

图 1－3　个人储蓄业务总流程

二、对公会计业务操作总流程

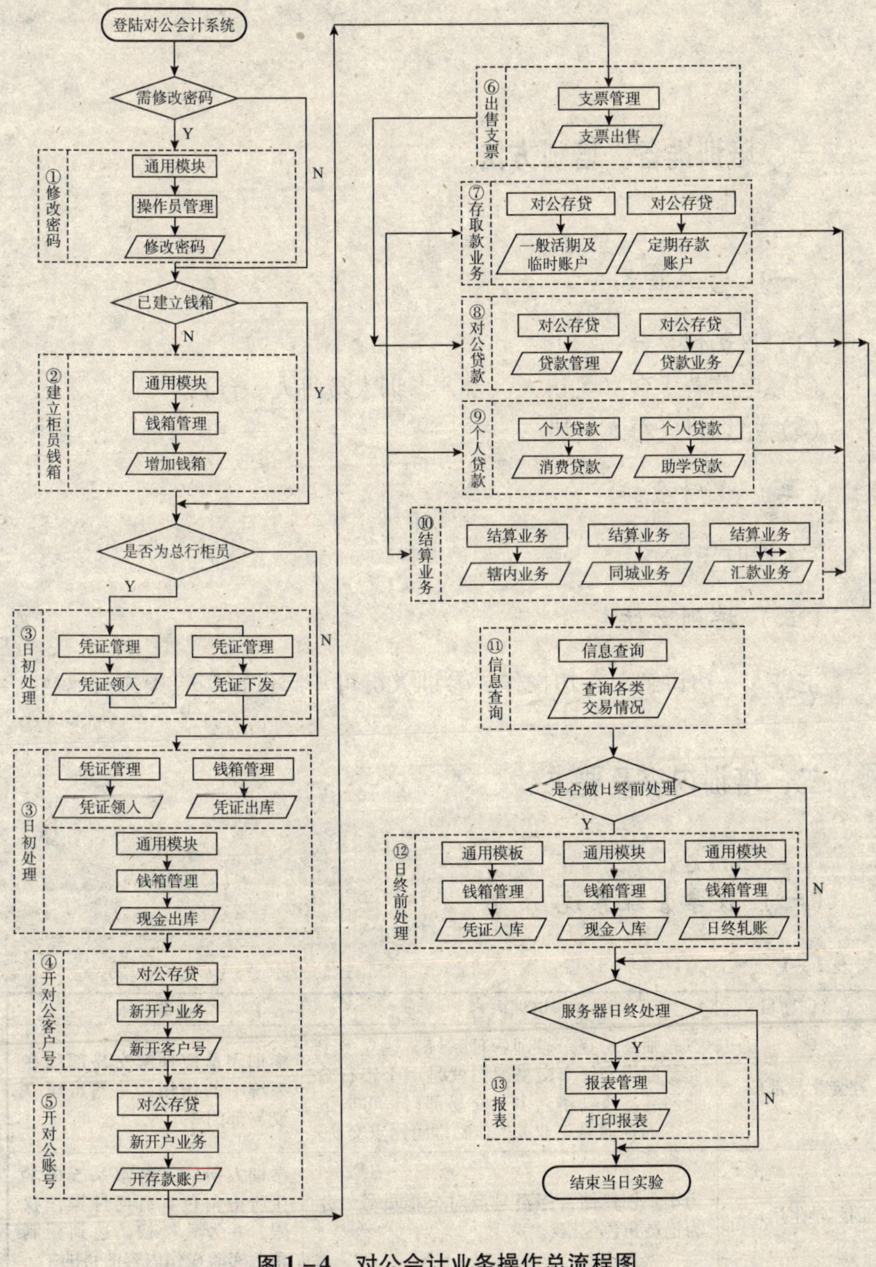

图 1－4 对公会计业务操作总流程图

第三节　实验操作培训

一、培训准备、培训方法

（一）培训准备

(1) 投影仪一台；
(2) 电脑若干台（主讲人一台，参训人员每人一台）；
(3) 培训讲义每人一册。

（二）课时安排

4 个课时。

（三）培训方法

主讲人一边讲解，一边操作，参训人员可一起进行实验操作。

二、培训内容及要求

（一）教学管理系统

表 1－1

培训项目	培训内容	培训要求
建立交易部门	以教师身份登录教师管理系统，建立多个交易部门，每个交易部门就是一个银行营业网点。通过建立多个交易部门，可以进行“通存通兑”业务操作，即跨网点交易	参训人员应理解交易部门在系统中的作用，并熟悉建立交易部门
创建学生用户	为学生创建储蓄柜员号及对公柜员号，并为柜员角色授权	参训人员应了解本系统中学生所扮角色具有何种操作权限，并为其授权，达到控制角色实验操作内容的目的

续表

培训项目	培训内容	培训要求
查询学生实验情况	查询学生在线情况、交易记录、实验状态等	熟悉如何查询学生的实验情况

（二）个人储蓄系统

表1－2

培训项目	培训内容	培训要求
通用模块	1. 凭证领用及出库、凭证入库及上缴 2. 个人支票领用、出库、出售、核销、挂失及解挂等 3. 重要空白凭证出库、入库、调配、作废及查询 4. 尾箱轧账、增加尾箱 5. 操作员密码及学号修改 6. 错账冲正（冲账）操作。	1. 理解凭证的作用 2. 熟悉凭证的领用、出库等操作 3. 理解尾箱的作用 4. 熟悉增加尾箱、尾箱轧账 5. 熟悉对操作员个人信息的修改
一般查询	1. 按客户名称或客户号进行综合查询 2. 按账号查询账户交易情况 3. 按账号或客户号、交易日期或流水号查询交易记录及账户情况 4. 按客户号或凭证号查询凭证使用情况 5. 按交易部门、支票号或账号查询个人支票使用及出售情况	1. 熟悉查询各种交易记录的查询 2. 熟悉凭证的使用情况查询 3. 熟悉支票号码的查询
个人储蓄	1. 开普通客户号、一卡通客户号、一本通客户号 2. 以普通客户号及一卡通（一本通）客户号开活期、整存整取、零存整取、定活两便、存本取息、通知存款、教育储蓄账号 3. 用以上账号进行存取款业务操作 4. 普通存折及一卡通或一本通销户操作 5. 一卡通换凭证、挂失及密码修改 6. 换存折、存单及挂失，账户密码修改 7. 普通支票开户、存取款、结清、销户操作	1. 熟悉各种储蓄业务的操作 2. 熟悉特殊业务的操作 3. 理解不同储蓄业务品种的行业规定及交易流程 4. 理解客户化的管理思想在实际业务中的体现 5. 理解现代商业银行的个人业务规范 6. 理解商业银行会计的核算方法

续表

培训项目	培训内容	培训要求
代理业务	1. 商业银行代理收付账号为内部账号，即“储蓄业务周转金”账号，账号规则为：9 + 交易部门编号 + 1040700001，如906021040700001 2. 建立代理合同 3. 代理业务批量录入 4. 代理业务批量（批量明细增加） 5. 代理业务（有代理清单逐笔代收） 6. 代理业务（无代理清单逐笔代收） 注：其中代理类别“81（行政事业基金费用）及82（煤气费代收）”为无代理清单。其他为有代理清单	1. 熟悉代理业务的操作 2. 理解商业银行表外业务的核算方法

（三）对公会计系统

表1-3

培训项目	培训内容	培训要求
凭证业务及钱箱操作	1. 以网点柜员登录建立钱箱和修改密码 2. 以总行会计部柜员登录做凭证领用和下发操作 3. 以网点柜员身份登录做凭证领用 4. 凭证出库 5. 现金出库	1. 熟悉以不同权限的柜员登录系统来作凭证业务 2. 熟悉柜员个人信息维护操作 3. 熟悉凭证出库及现金出库操作的目的
开客户号及账号	1. 新开一个对公客户号 2. 新开一个对公账号（存期为“000”，账号为预开户状态） 3. 现金存款，激活对公账号	1. 理解客户化的业务管理思想 2. 区分对公客户还个人客户开账号时的不同状态 3. 了解对公基本账号与其他类型账号之间的区别
支票业务	出售现金支票和转账支票给对应的对公账号	熟悉支票业务操作流程
存取款业务	1. 现金存款操作 2. 现金取款操作 3. 账户转账操作 4. 协议存款操作 5. 定期存取款操作	1. 熟悉对公现金及转账业务操作 2. 熟悉对公协议存款及定期存款操作及业务规范
贷款管理	1. 新建贷款业务操作 2. 贷款发放及部分还贷、全部还贷操作 3. 贷款展期及不良贷款核销操作 4. 贷款业务查询操作	1. 熟悉贷款业务操作流程 2. 熟悉贷款业务管理规范 3. 熟悉不良贷款业务处理流程

续表

培训项目	培训内容	培训要求
汇票业务	1. 商业汇票承兑业务操作 2. 汇票到期付款操作	熟悉汇票业务操作流程
个人贷款	1. 个人消费贷款业务合同建立、贷款发放、提前部分还贷、提前全部还贷、个贷调息及贷款业务查询操作 2. 助学贷款借据管理、单位合同录入、助学贷款贴息及提前全部还贷操作	熟悉个人贷款业务操作流程及管理规范
结算业务	1. 辖内结算业务操作 2. 同城业务操作 3. 特约汇款业务操作	1. 理解辖内及同城结算业务的区别 2. 熟悉结算业务操作流程 3. 熟练结算业务操作及交易查询
通用模块	1. 表内通用记账操作 2. 对公账户维护操作 3. 内部账户维护操作 4. 上存下拨业务操作 5. 账户冻结、解冻操作冲销户操作 6. 冲账业务操作 7. 凭证挂失、解挂及换存单操作 8. 支票挂失、解挂及核销操作 9. 凭证入库、作废、查询及日终轧账操作	1. 熟悉账户维护、凭证业务及支票业务的操作 2. 熟悉冲账业务及上存下拨业务操作
信息查询	1. 客户查询操作 2. 账户查询操作 3. 凭证查询操作 4. 交易查询操作 5. 总账查询操作	熟悉对各种交易结果进行查询的方法

（四）报表管理系统

表 1－4

培训项目	培训内容	培训要求
储蓄报表	查询储蓄营业报表	掌握各种报表的查询方法及理解随着业务的变动各种报表发生相应变化
对公业务报表	查询对公业务营业报表	
会计月报	资产负债表、利润表等	
其他报表	相关业务报表查询	

第四节　系统管理

一、系统安装

（一）系统安装环境

（1）服务器操作系统为：Windows 2000 Server + SQL 2000 Server（打SP3 补丁）；

（2）客户端操作系统为：Windows 2000/XP + IE6.0 以上版本。

（二）安装方法

运行 setup. exe，按提示完成安装，选择“银行综合业务”则同时安装智盛商业银行综合业务模拟系统。

（1）智盛商业银行综合业务模拟系统客户端 IE 浏览器 IP 地址为：http：//服务器 IP 地址：8081/WitBank/index. jsp，注意区分字母的大小写。

（2）智盛商业银行综合业务模拟系统以教师用户（admin/888888）登录系统，将系统系列号报到智盛公司（0755-83741441），授权后，系统就可以运行。

技术邮箱：szwitsoft@21cn. com。

公司网址：www. szwitsoft. com。

二、部门管理

（一）登录教师管理

以系统管理员（admin）身份登录到教学管理系统，初始密码为888888，如图1－5所示。

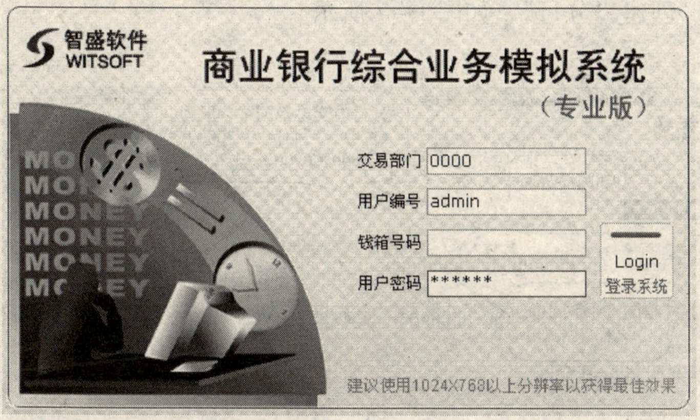

图1-5

（二）创建交易部门

本系统把学生实验班级分成各个支行，每个班级为一个支行。每个分行下可以创建多个支行，即创建多个班级。方法如下：

（1）第一步，进入“部门管理/交易部门管理”，先创建分行。系统默认了总行的部门号为“0001”，分行部门号为可设为“0600”，如图1-6所示。

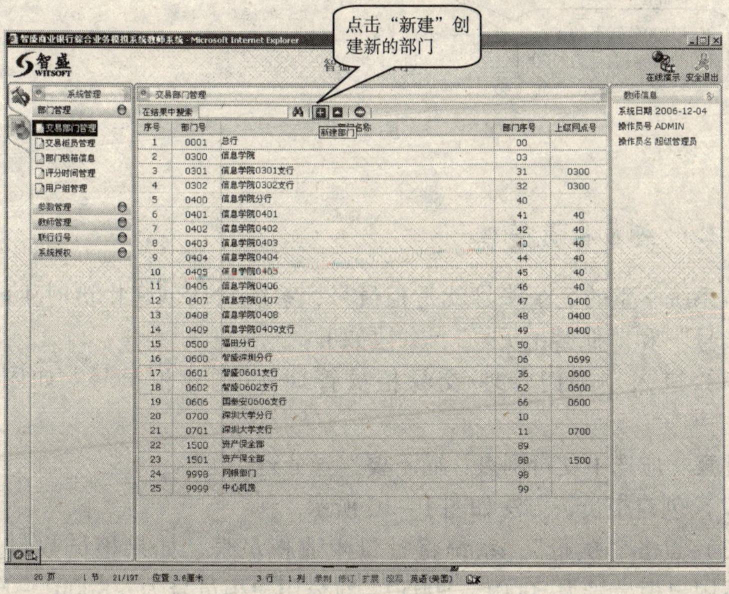

图1-6

（2）创建“分行”，如图 1－7 所示。

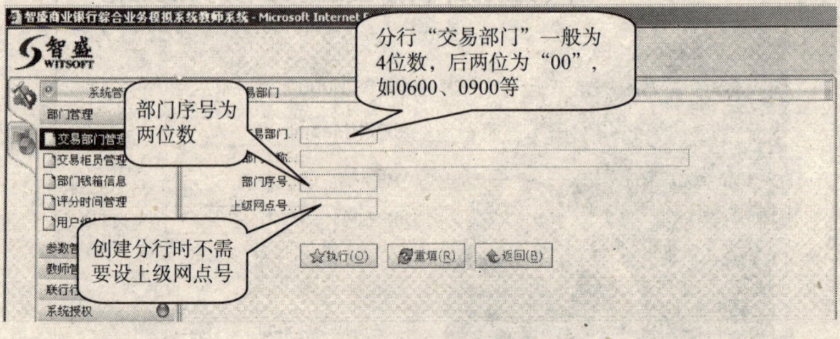

图 1－7

（3）创建“支行”，如图 1－8 所示。

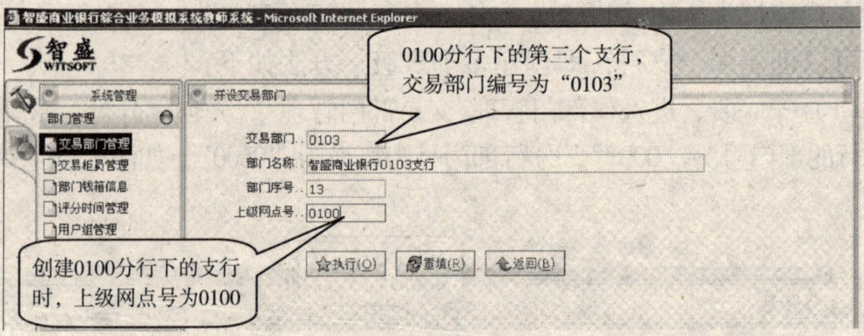

图 1－8

（三）交易柜员管理

本系统学生的登录账号就是柜员号，系统默认创建柜员时生成“对公柜员号”和“储蓄柜员号”，方法如下：

（1）进入“部门管理/交易柜员管理”，创建柜员号。如图 1－9 所示。

注意：应选中支行网点，而不要选择分行。

（2）创建柜员，方法如图 1－10 所示。

（3）点击“执行”，系统将批量生成柜员号。如果柜员数量为 50，则储蓄用户柜员号为 S0001－S0050，对公用户柜员号为：K0001－K0050。

（4）修改柜员信息，如图 1－11 所示。

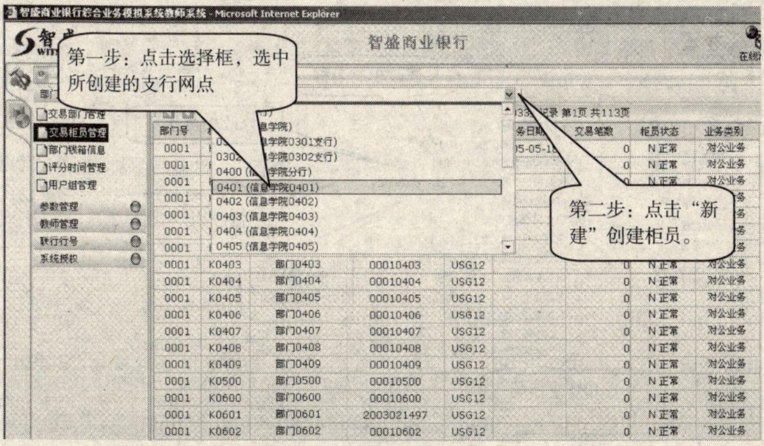

图 1－9

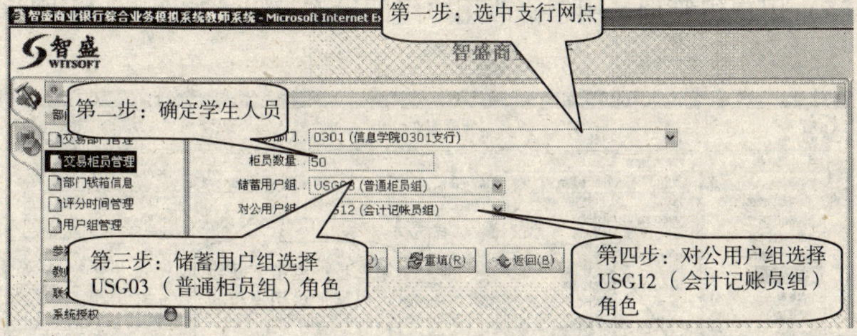

图 1－10

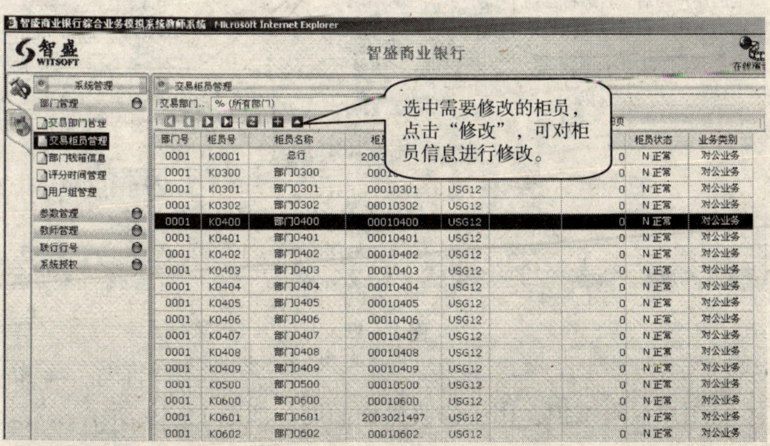

图 1－11

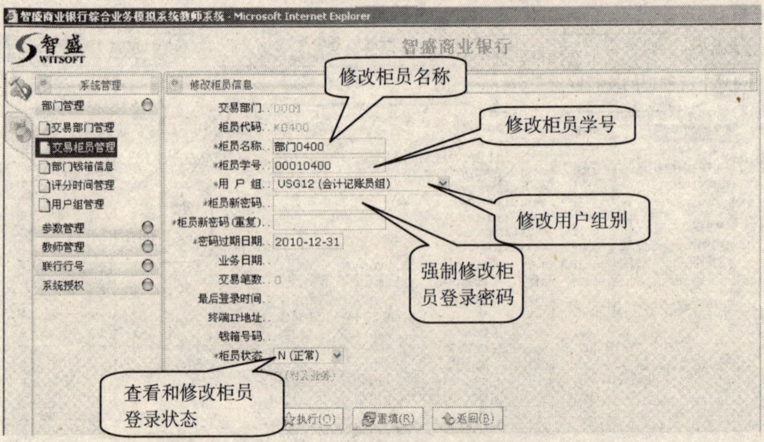

图 1－12

（5）用户组管理，用于修改用户组的操作权限。如图 1－13 所示。

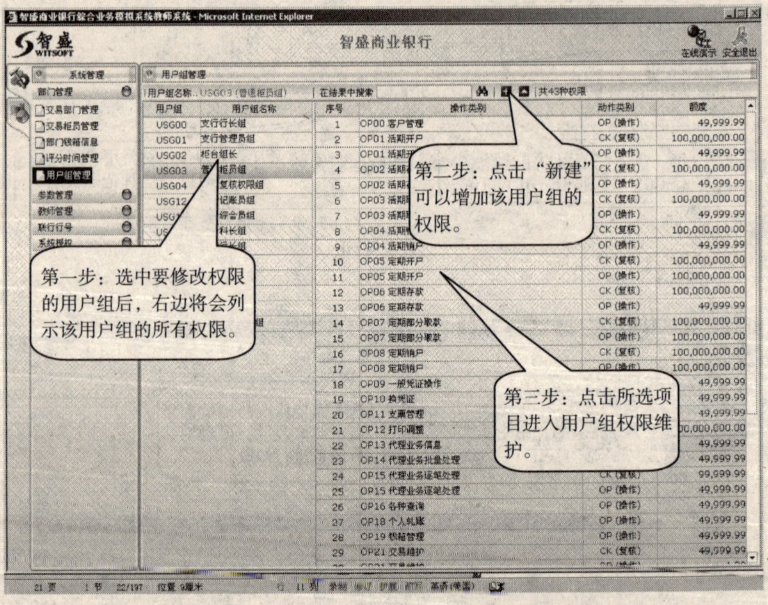

图 1－13

（6）用户权限维护，用于修改操作额度。如图 1－14 所示。

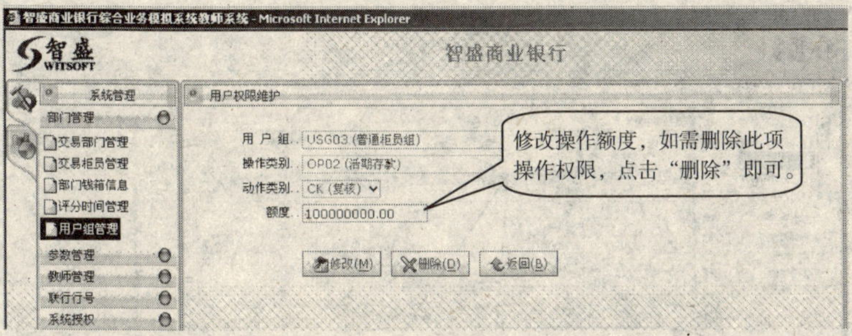

图 1－14

（7）评分基数管理，设定评分标准及评分时间段，如图 1－15 所示。

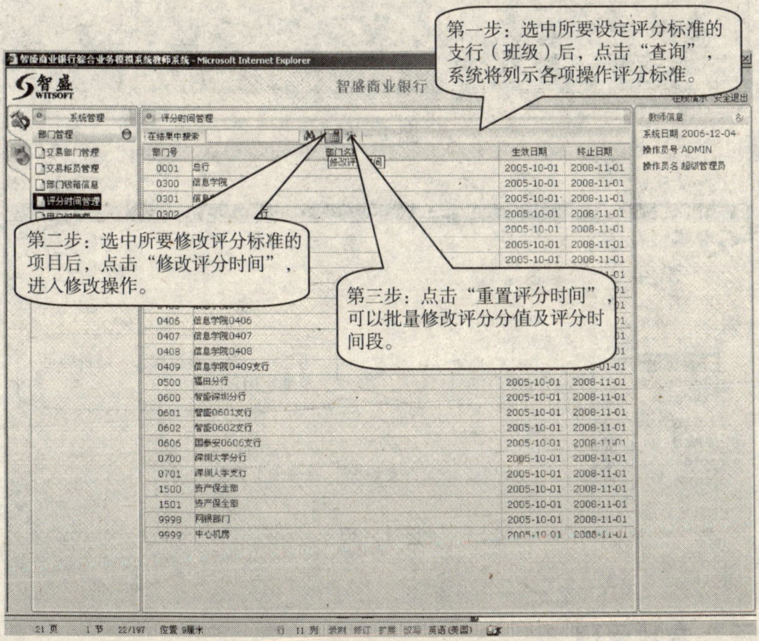

图 1－15

（8）部门钱箱信息，查看、修改、绑定、关闭柜员钱箱号。如图 1－16 所示。

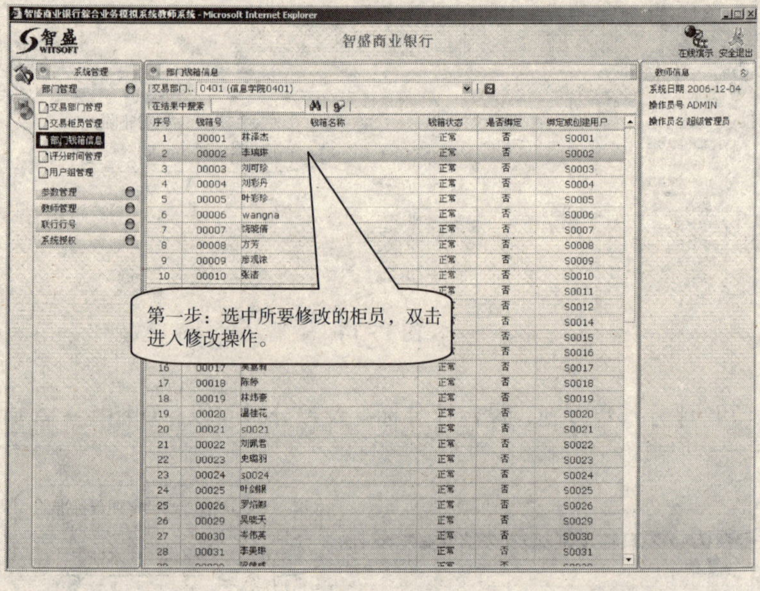

图 1 – 16

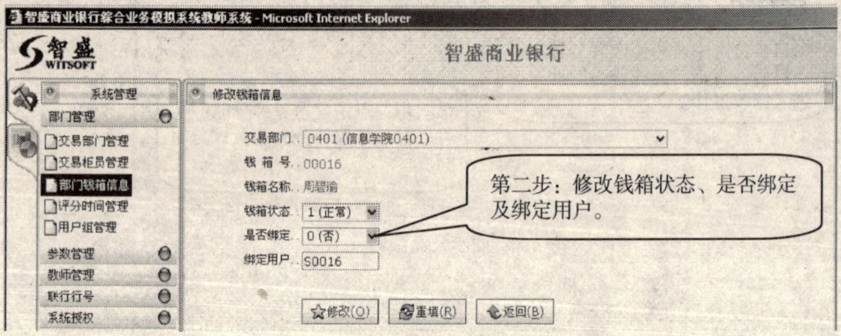

图 1 – 17

三、参数管理

（一）会计科目管理

会计科目管理列示银行系统所示会计科目，并可以将会计科目表导出到 excel 表中，如图 1 – 18 所示。

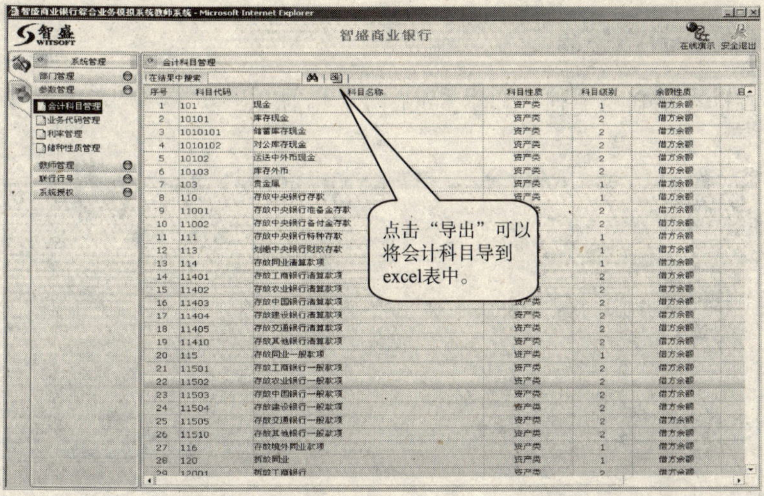

图 1－18

（二）业务代码管理

列示本系统所涉及的所有业务代码，及其对应的会计科目，并可将其导入 excel 表中，如图 1－19 所示。

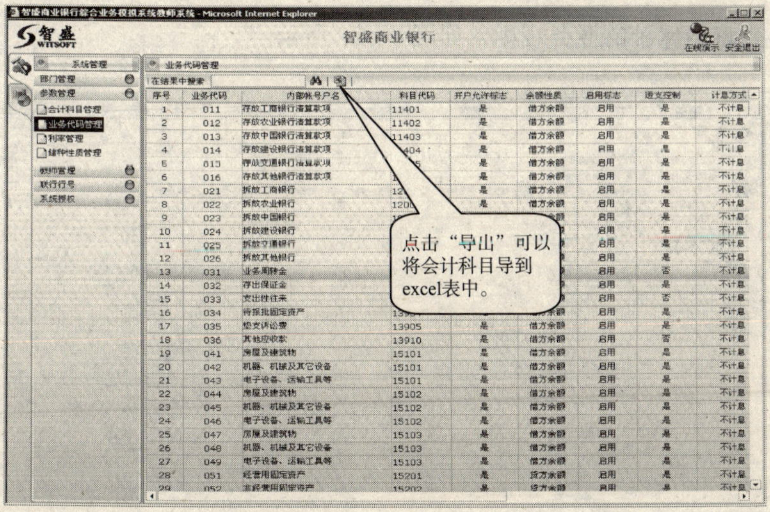

图 1－19

（三）利率管理

查询系统利率类别及利率，如图 1－20 所示。

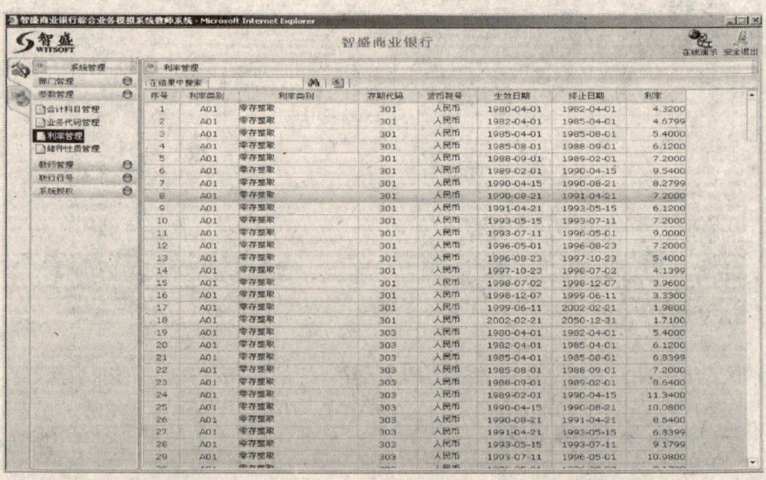

图 1－20

（四）储蓄性质管理

查询各储种的业务规则，如图 1－21 所示。

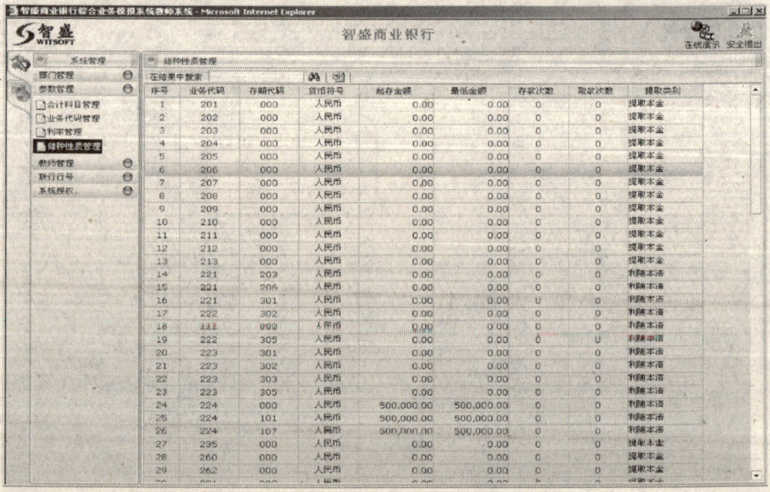

图 1－21

四、教师管理

（一）教师组权限

新增教师组，设置教师组操作权限，如图 1－22 所示。

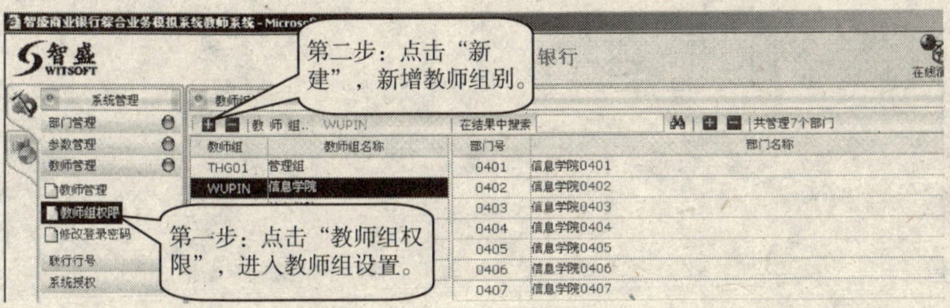

图 1－22

（二）编辑“教师组权限”

设置教师组可以管理的班级，如图 1－23 所示。

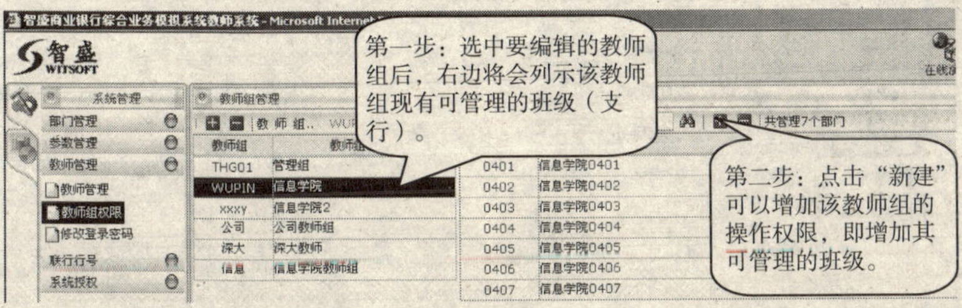

图 1－23

（三）教师管理

新增教师登录用户，如图 1－24 所示。

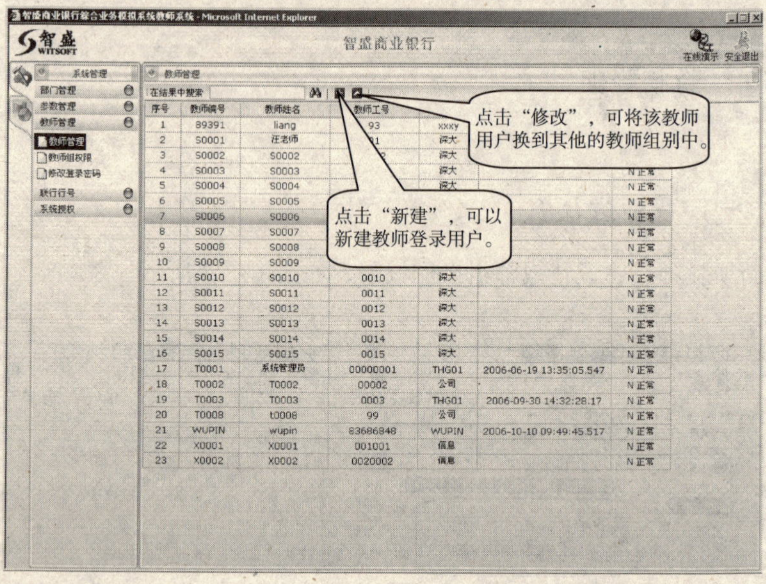

图 1 –24

教师用户修改登录密码，如图 1 –25 所示。

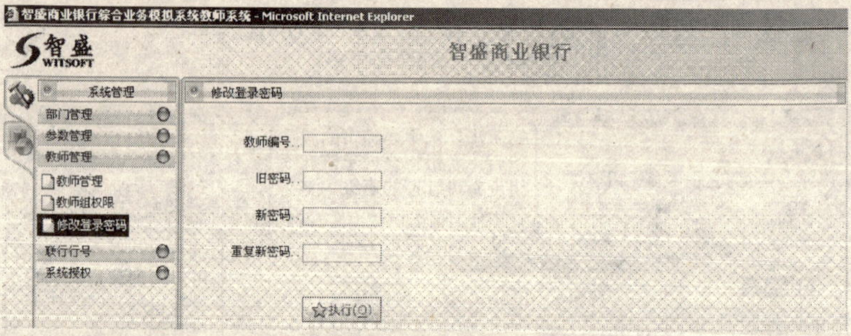

图 1 –25

五、联行行号管理

联行行号管理用于增加联行交易行号及编辑修改联行相关信息，如图 1 –26 所示。

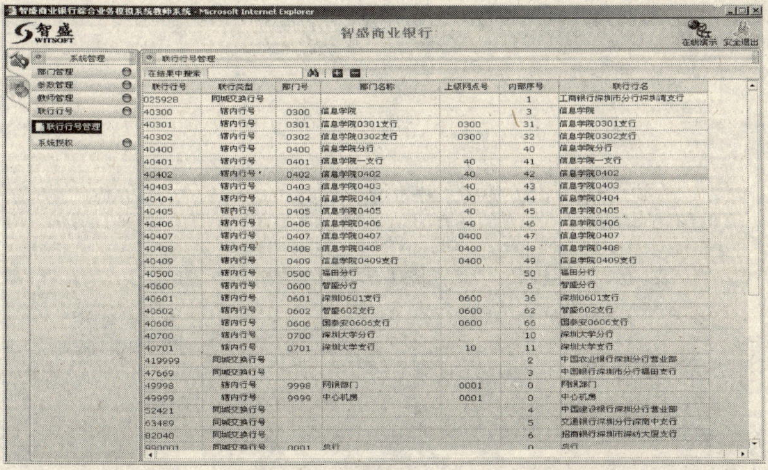

图 1-26

六、系统授权

系统安装完成后，会生成一个序列号，如图 1-27 所示。

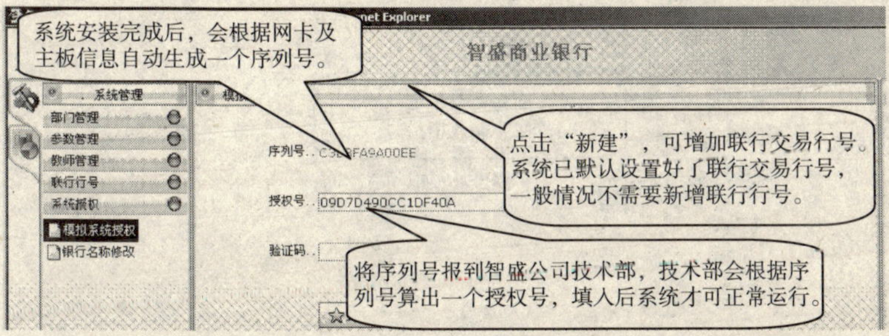

图 1-27

修改银行名称，如图 1-28 所示。

图 1－28

七、教学管理

（一）学生交易查询

查询学生的交易情况，如图 1－29 所示。

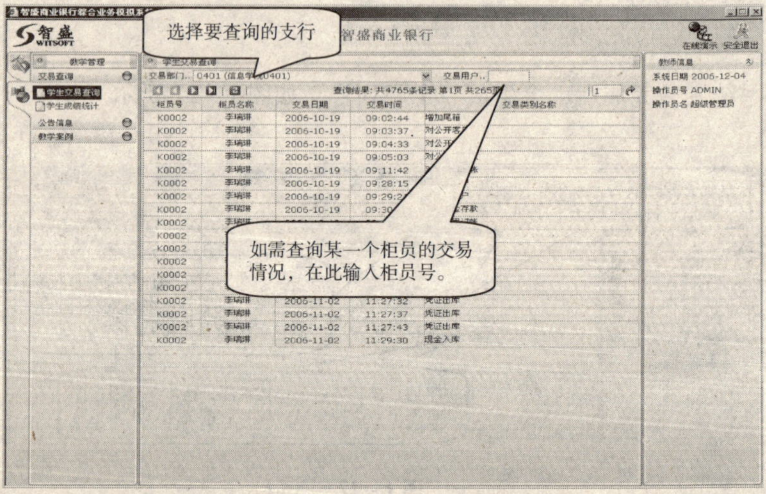

图 1－29

（二）学生成绩统计

查询学生的实验成绩，如图 1－30 所示。

（三）公告信息

新增、修改及编辑公告信息，如图 1－31 所示。

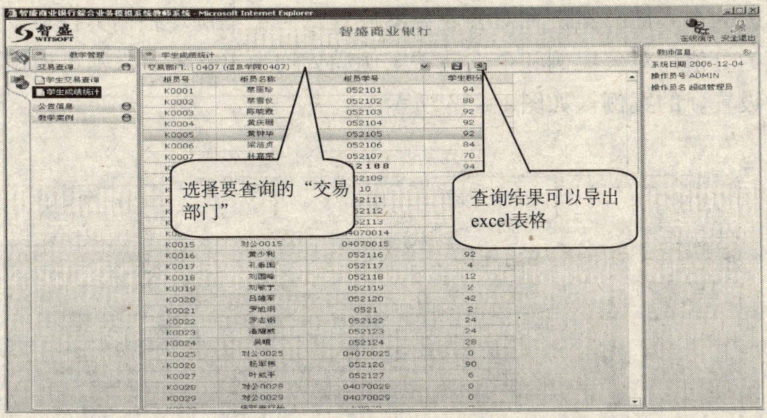

图 1－30

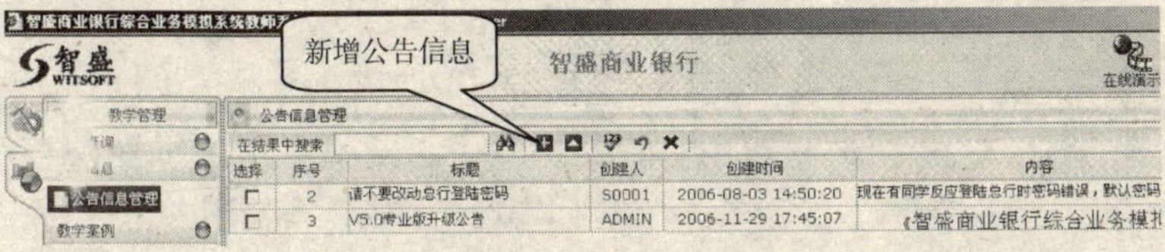

图 1－31

编辑公告信息，如图 1－32 所示。

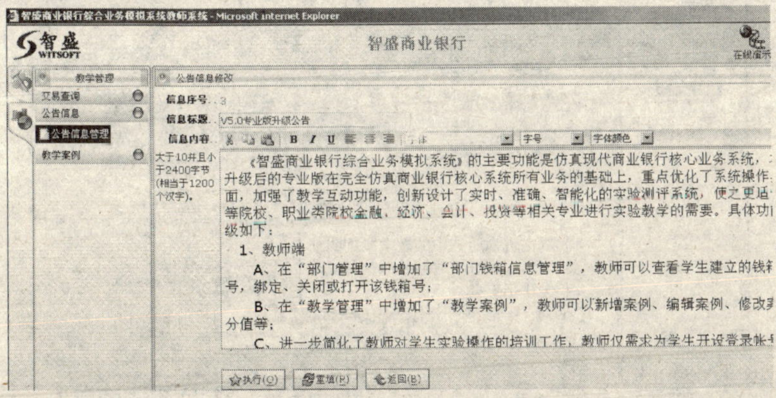

图 1－32

（四）教学案例

1. 教学案例管理

新增、修改、编辑、删除教学案例，系统默认设置了近 200 个教学案例，分为个人储蓄案例和对公业务案例。每一个案例均根据其权重设置了相应的分值，对公案例和个人储蓄案例满分均为 100 分。教师可根据教学需要设置新的案例。如图 1－33 所示。

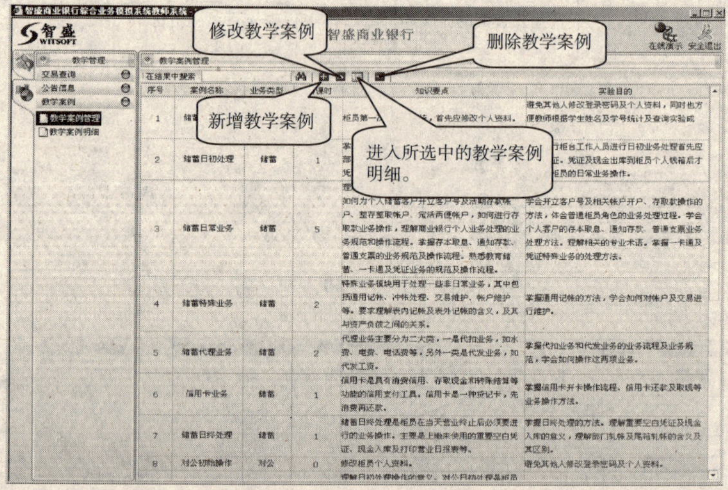

图 1－33

2. 教学案例明细

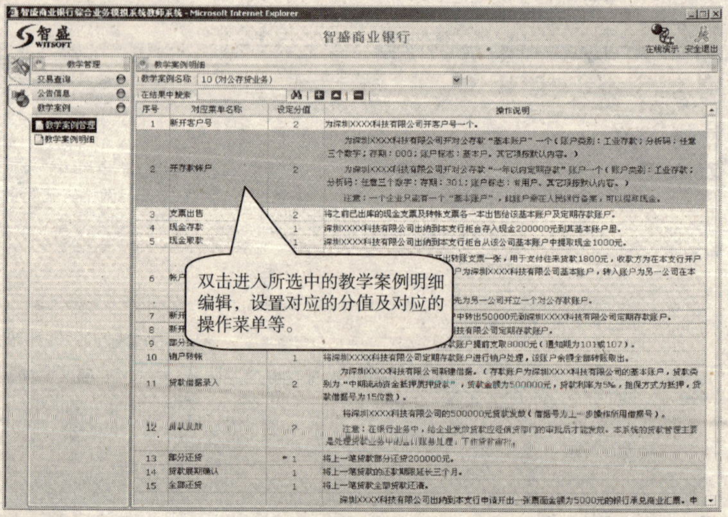

图 1－34

双击“教学案例明细”，进入图 1－35，进行案例明细编辑。

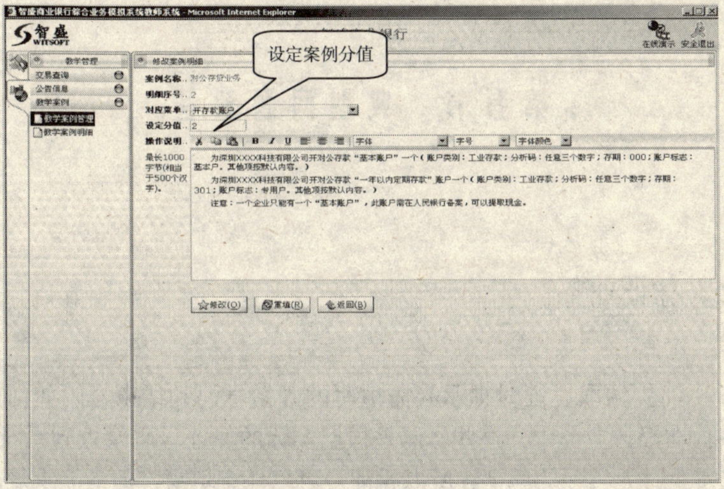

图 1 - 35

（五）在线演示

教学管理系统“在线演示”采用动态 Flash 演示帮助教师如何操作管理本系统，如图 1 - 36 所示。

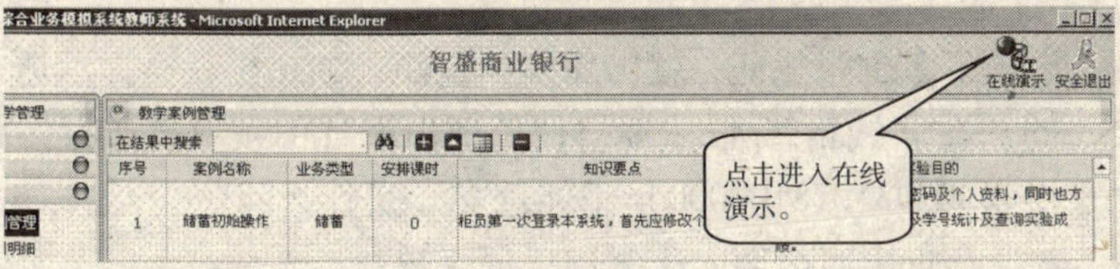

图 1 - 36

在线演示明细如图 1 - 37 所示。

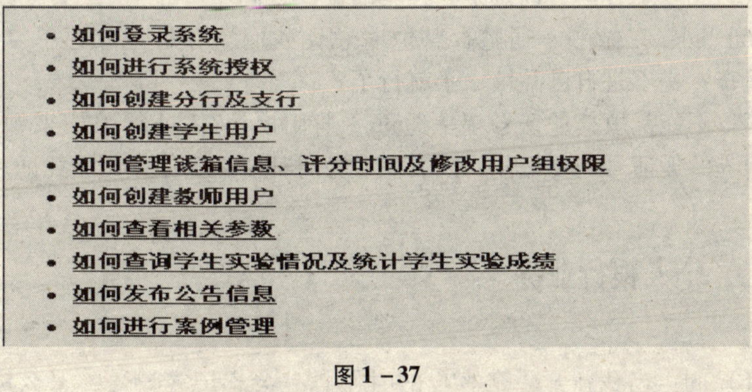

图 1 - 37

第五节　典型问题解答

一、凭证业务

（1）问：领取凭证时提示必需填写的开始号码和结束号码如何得到？

答：在银行业务中，这些号码是根据实际的凭证号码录入到系统里的。而模拟实验时无实际的凭证，所以凭证号可以任意填写，但不能重复。

（2）问：开一本通时在存折号栏输入领用凭证号，提示：账户（9060110782－00027）不能透支。是什么原因？

答：所领用的凭证没有出库到00027钱箱中。要先做“通用模块/钱箱管理/重要空白凭证出库”之后才能使用所领的凭证。

（3）问：在重要凭证出库的时候，也是提示“账户（9060310782－00000）不能透支”。

答：你领了多少张凭证，就出库多少金额，如超出就会提示透支。

（4）问：在“钱箱管理/重要空白凭证出库”中领取普通存折凭证是出现“账户（906031078100000）不能透支”是什么问题？

答：普通存折出库金额大于领用凭证张数。

（5）问：为什么我在进行凭证查询的时候会看到同一个凭证号码既是CARD又是NMPS？

答：同一个号码可以是不同种类的凭证号码。

（6）问：在做一本通整存整取时总让我们填存折号或存单号之类，去哪里查？是不是自己乱填一个就行了？

答：不能乱填，凭证号就是通过“通用模块/凭证领用”来领取的。此时输入的凭证号码要记住，以后做业务时都要用到你领用的凭证。

二、个人银行业务

（1）问：当我新开一个客户的时候总是会忘记客户号，怎么样查询客户详细资料呢?

答:可以通过“一般查询/客户综合查询”,输入ID号或客户名称就可查到客户号。

(2)问:“整存整取”中的“存单号”是什么啊?如何替换?

答:就是你领取的整存整取凭证号。如要替换,用你自己领用的其他整存整取凭证号替换,相当于你去银行换存单。

(3)问:销一卡通客户时就会出现“(AIOM)凭证(10002001)已失效”是什么原因?

答:AIOM这是一本通凭证号,不是一卡通凭证号。

(4)问:在查询客户在哪里时,现在是不是只能通过客户号查询?我们要把每一位客户号都记下来吗?有没有其他方法如姓名之类可以查询的?

答:可以通过客户名称查询。你现在是以银行柜员的身份在做业务,而不是客户身份,你所做的操作是银行柜员要做的操作。这就是为什么会觉得你的操作跟客户的操作不一样的原因。在银行柜台,凭证号和客户号可通过刷卡将信息录入电脑,而学生实验是无法这样做的,所以只能手工录入。当你没有带卡或存折去银行办业务,银行柜员也是一样要手工输入这些信息的,只是你看不到他在录入什么信息而已。而现在你通过这个系统就知道了柜员要做什么操作了。

(5)问:系统提示“一卡通客户不能开普通账户”是什么原因?

答:开普通账号要用普通客户号。你可以开一个普通客户号,再去开普通账号。

(6)问:普通活期存款中要填的存折号是不是在普通活期开户中的存折号?如果是的话,我执行之后提示“(NMPS)凭证已失效”?

答:当你输入账号的时候,系统提示信息会显示该账号对应的凭证号,输入该凭证号即可。

(7)问:定活两便的取款在哪里取呀?只有开户和销户?难道是在销户里面取款?

答:定活两便是一种事先不约定存期,一次性存入,一次性支取的储蓄存款。所以不需要再作存款操作。

(8)问:我在开设一本通账户时,存折号填的是我去领凭证时的顺序号码,其他的自己任意设定,但执行时弹出红字提示说:账户号(9060310782-00048)不能透支,什么原因?

答:所用的凭证没有出库到00048钱箱。

（9）问：我在做普通存本取息（开账户）的时候遇到存期不合法的问题，请问存期的合法输入方式是什么？

答：定期储蓄业务中要求输入存期代码。存期代码共3位：第1位为数字1时表示以天为单位输入存期，为2时表示以月为单位输入存期，为3时表示以年为单位输入存期；后面两位表示相应的存期。现系统中的定期储蓄业务存期代码共有以下几种：1天期通知存款的存期代码为101；7天期通知存款的存期代码为107；3月期定期存款的存期代码为203；6月期定期存款的存期代码为206；1年期定期存款的存期代码为301；2年期定期存款的存期代码为302；3年期定期存款的存期代码为303；5年期定期存款的存期代码为305；8年期定期存款的存期代码为308。

（10）问：在存本取息业务里，我按你在留言里的说明填了存期是206，取息间隔是1月，但都说不合法，为什么？而我填303，间隔是12月时就可以，什么原因？

答：如果有款项在一定时期内不需动用，只需定期支取利息以作生活零用，您可选择“存本取息”方式作为定期储蓄存款形式。“存本取息”业务是一种一次存入本金，分次支取利息，到期支取本金的定期储蓄。特点：①起存金额较高，存款余额稳定。起存金额为人民币5000元。②存期选择多：1年、3年、5年。③分期付息：不得提前支取利息，如到取息日而未取息，以后可随时取息，但不计算复息。所以你选择206，代表存6个月，这是不合法的。只能选择1年（301）、2年（302）、6年（303）、5年（305）才是正确的。

（11）问：是否所有业务必须在0603交易部门中进行？假如我在0601交易部门中进行是否有效？

答：0601和0603是两个银行网点，在0601中做的业务记录在0603中是查不到的。但如果开户时选择的是“通存通兑”，就可以跨网点进行存取款业务操作。

（12）问：一卡通的账号比如006030477400010，但是当在操作一卡通销户和一卡通活期存款时，其客户名只能填写前面几位0060304774，而后面00010则无法输入，导致操作无法进行，是什么原因？

答：00010为账号后缀，将其填入到对应位置即可。

（13）问：为什么登录系统时提示“操作员已登录”而我还没登陆？

答：有两种情况会出现这种提示，一是密码泄露，该柜员号被别人使用了。二是该柜员退出系统时没有“注销用户”，直接关闭浏览器退出系统，这种情况有时系统无法注销该柜员的登录状态，需要延时5分钟后才能重新登录。

（14）问：“零存整取开户”使用什么凭证？

答：普通存折。

（15）问：我去“重要空白凭证出库”处领取凭证时，却显示“账户（906031078200000）不能透支”是什么原因？

答：出库金额大于领用凭证的张数，领了多少张凭证，就出库多少金额。如领了10张普通存折，就出库普通存折10元。

（16）问：我在开普通客户号的时候，出现了“客户证件已有客户号（0060302712）”为什么？

答：这是因为该证件已开普通客户号，不能再开了。每个证件号只能开一个普通客户号、一个一卡通客户号、一个一本通客户号。

（17）问：通知存款可以部分提前支取吗？我的通知存款开户金额是50000元，提前支取的通知期是101，请问有没有错误，如果没有错误，为何无论我填多少钱，哪怕1元，都说超过支取额度呢？

答：通知存款的起存金额为50000元，你账上只有50000元，当然不能再取了，只能销户取款。通知存款只能提前支取一次，通知存款不能续存款，只能重开户。

（18）问：一卡通整存整取（部分提前支取）时，已经填好了全部资料，按“执行”后，显示“账户（0 **** 0526600020）超过约定取款次数”，这是什么问题？

答：整存整取不能多次提前支取，只能提前支取一次。

三、对公会计业务

（1）问：我在做对公的凭证领入时，输入8位数的凭证号码，但是系统提示“系统中不存在该段凭证下发信息”，这是什么原因？

答：因为对公业务凭证要先由总行会计人员领用后下发给各个支行网点，各个支行网点的柜员才能去领用已下发的凭证，否则系统会提示不存在该段凭证下发信息。

四、其他

（1）问：在银行综合业务模拟系统中储蓄业务的凭证查询时，客户号是指什么？起始日期是指什么？如何才能知道已经领取的哪些凭证？领取了多少？已经用了多少？还有多少凭证？

答：客户号是指个人或单位客户在银行里的唯一识别号。客户号是面向客户的基础，系统根据客户号唯一地识别一个客户。账户中不但包含了传统的账务信息，更重要的是它必须归属于一个全行唯一的客户号。客户号的引入为银行提供一个重要的角度来掌握银行的经营情况。便于实现客户理财，控制多头贷款等，为将来的客户关系管理奠定基础。根据客户号来查询凭证，可以查到该客户在本银行所使用的所有凭证。起始日期是指查询凭证的起始日期。另外，近期将会对凭证的查询功能进行细化，还会有更详细的查询功能。

（2）问：怎样才能销去普通客户号？开一本（卡）通客户时，为什么客户号填不了，光标进不去？存折号又是什么，是随便填的吗？我随便填了也申请不了，这是怎么回事？

答：开普通客户号时不需要凭证，所以不需要销去普通客户号，系统会一直保留普通客户号。但一卡通或一本通客户号与凭证对应，可以通过“销一卡通”客户号销户。客户号是系统生成的，不能自已填入。存折号就是凭证号的一种。在银行里凭证指的就是存折、定期存单、支票、汇票等。

第二章

商业银行综合业务概述

本章学习提要

教学重点是：了解现代商业银行业务系统特点、银行核心会计制度及综合柜员制及客户化管理思想、系统面向业务的特点；熟悉商业银行客户号编排方法及生成原理、储蓄账号及对公账号的编排方法及生成原理、系统生成的客户号与账号之间的关系、掌握开立个人储蓄客户号及对公客户号的方法、掌握开立个人储蓄账号对公账号的方法、银行业务日常操作流程、了解商业银行业务通用规定。

实验操作主要有：生成个人储蓄客户号、生成个人储蓄账号、配置个人业务钱箱、领取储蓄业务凭证、生成对公客户号、生成对公基本账户账号、激活对公基本账号、配置对公业务钱箱、领取现金支票业务凭证。

课时安排： 讲解 1 个课时，实验操作 6 个课时。

第一节　个人储蓄业务概述

一、系统特点

（一）核心会计

核心会计，即并账制，它是将银行的会计核算过程从业务处理过程中提取出来，成为一个通用的会计核心，所有业务过程如储蓄、对公、代理业务等都围绕着一个会计核心来展开。这样就为将来银行创新业务打下了一个坚实的基础，同时也最大限度地减少了因会计核算办法的改变而对业务过程带来的影响。核心会计系统代表了先进银行系统的一个主要特点，也是目前国内商业银行系统发展的一个新趋势。

（二）面向综合柜员

在并账制的基础之上，将对前台系统和综合业务系统有机结合起来，在保留原有账务轧平方式的同时，逐步使柜面人员以面向账务为主改为面向业务为主，提高业务的处理效率，并有利于新业务的开展。

（三）客户化

目前大部分银行业务系统的业务处理均以账号为基础，同一客户不同的业务品种的账务之间缺乏有机的联系。同一客户的存贷款、资金去向等完整的业务信息难以把握。为加强对客户的服务，减少银行资金运营风险，必须强化对客户信息的管理。为此改变以往应用系统设计的方法，提出面向客户信息的设计方法，以客户信息文件为基础，构造客户信息管理子系统，这样银行就可以综合掌握客户状况，以便提供全面的客户追踪和决策分析手段，如资信评估、风险评估等，并为客户提供更好的服务手段，如一卡通、一本通、企业理财、个人理财等。

二、账号编排体系

（一）客户号

客户号由10位数码组成：

第1位用数字0—3表示储蓄账号，4—8表示对公账号，9表示内部账号。我们一般使用的是储蓄账号。

第2—9位为顺序号。

第10位为校验位。

例如：0000003488中，第1位0表示该客户号是储蓄账号，第2—9位的00000348是顺序号，表示该客户号是银行开立的第348位客户，最后一位的8表示校验位。因为储蓄账号是0—3，所以加上顺序号后，全行可以有4亿个储蓄客户。

（二）储蓄账号

储蓄账号共15位，由前10位的客户号和后5位的账号后缀共同组成。其中账号后缀前4位为顺序号，第5位为校验位。

例如：000000348800010表示客户号为0000003488的客户开立的0001第一个子户。（顺序号第5位为校验位）每个客户号下可以有1万个分户。

（三）内部账号

内部账号是银行工作人员内部使用的账号，由10位客户号和5位后缀组成。其中客户号对应一个网点在某个币种下的某种业务。

第1位用数字9表示内部账号。

第2—3位为支行号。

第4—5位为网点号。第2、3、4、5合并表示完整的网点编号。

第6—7位为货币代号。

第8—10位为业务代码。

账号5位后缀为顺序号，由全行统一制定。

例如：901011010100001中“9”表示内部账号，第1个“01”表示市行营业部，第2个“01”表示市行营业部01网点，第6—7位的10表示币种（人民币），第8—10位101表示库存现金业务代码，最后的5位00001表示柜员钱箱。所以这个内部账号的意思就是向市行营业部01网点00001柜员钱箱存放存、取款。

（四）业务代码的特点

业务代码对应到唯一的科目。科目可能根据实际业务需要而变动，但是对应的业务代码是不变的。与科目相对应并不是说与科目一样。科目可以是3位、5位、7位，而业务代码只是3位。

三、卡业务简介

“一本通”或“一卡通”都是一种重要凭证，而不是一项业务。“一本通”、“一卡通”适用于各储种，所有储种的操作程序都同一般储蓄业务。“一本通”、“一卡通”开户时可直接开卡本通，也可以只开“一本通”或“一卡通”，事后客户如有需要可以补开相应的“一卡通”或“一本通”。开户时必须凭本人身份证件办理并预留密码，密码必须是六位数。“一卡通”分查询密码和支取密码两种，二者可相同也可不同。“一本通”内所有存取款或销户业务，必须由客户填写存取款凭条。卡业务详细规定见《商业银行都市卡业务规定》。

四、柜员管理

（一）柜员编号

柜员由市行统一管理。柜员号5位，网点柜员形式为：S## **，其中S表示该柜员是操作员（如果是A则表示该柜员是ATM），##（01—29）为支行号，** 为支行下柜员统一编号（00—99）。例如S0215表示02支行的第15位柜员。

（二）柜员级别设置

管理级——为A级不临柜只做专项授权管理业务，对具体权限按金额和业务操作权限划分。

操作级——分为B级（柜长）和C级（普通操作员）。B级不临柜，但可办理代扣、代发、小金额授权等特殊业务，C级具体权限按金额和业务操作权限划分。

1. 柜员密码管理

（1）柜员首次使用系统，必须首先修改自己的柜员密码。

（2）柜员要保管好自己的密码，原则上要求每个月对密码进行修改。

（3）如因密码泄露或将密码交由他人使用而造成的损失由柜员自己负责。

（4）柜员密码忘记可由其他柜员进行柜员密码修改操作，对其密码进行挂失。挂失的密码必须由中心机房进行解挂并更换新密码。

2. 柜员权限管理

（1）柜员要严格按照自己的权限进行操作和授权。

（2）不得将自己的柜员卡交由他人使用，如有特殊原因须进行书面交接。

五、凭证管理

（一）凭证种类及使用

程序下的凭证种类包括储蓄存折、储蓄存单、一本通存折、一卡通。存折、存单由市行分配，一卡通由卡部分配。

可以用储蓄存折的储种包括：活期、零存整取、通知存款、教育储蓄和存本取息。

整存整取和定活两便都使用储蓄存单。

一本通和一卡通各储种都可使用。

（二）凭证领用

系统的凭证领用采取从市行到支行、从支行到网点的二级分配体系。支行到市行领用凭证后，市行管理部门必须将凭证的起始号码位输入中心机房的管理机内，并进行分配操作，将凭证分配到各支行管理机内。同样，支行凭证管理员也要将凭证的起始号码有计划地分配到各网点的库钱箱里，网点凭证负责人在前台机器交易界面选择库钱箱凭证领用交易领入凭证到库钱箱，柜员用凭证出库交易领入凭证。

具体流程：市行库——支行库——网点库钱箱——柜员钱箱。一卡通的分配和普通凭证分配一样，只是一卡通的分配是从卡部开始，而不是市行库。

六、钱箱管理

系统对网点设立库钱箱和柜员钱箱。库钱箱由中心机房建立，柜员钱箱在柜员第一次登录系统注册时柜员钱箱号不输（此时此柜员钱箱不存在），要在柜员注册系统做增加柜员钱箱后柜员才生成钱箱号。柜员钱箱生成后不能办理现金业务，需退出系统重新注册系统（此时需要输入柜员钱箱号）后才能办理现金业务。本所库钱箱本网点所有柜员都可使用，柜员钱箱只许本柜员使用，如果一个柜员不注册钱箱，则只能做转账业务而不能做现金业务。

七、业务通用操作

（1）对客户进行完整的管理，任何新客户在开账户之前，必须先开客户，账户通过“客户号+账号后缀”来区分。客户号（一批）由总行科技部打印出来发给各支行。各储蓄网点再根据业务需要向上级行申请。客户号长度为10位：第1—2位为支行号，第3位用数字0—3表示储蓄账号，第4—9位为顺序号，第10位为校验位。客户号由客户自己选择，临柜人员输入电脑。

（2）凡按回车键后，弹出刷磁条窗口的，请在刷卡器上刷存折或操作员卡。

（3）若某业务要取消刷磁条的功能，请在窗口上找到“凭证输入”选择框，选择“手工输入”。

（4）凡按回车键后，弹出刷输入密码窗口的，请刷操作员卡或提醒客户按密码键盘输入密码。

（5）定期储蓄业务中要求输入存期代码。存期代码共3位：第1位为数字1时表示以天为单位输入存期，为2时表示以月为单位输入存期，为3时表示以年为单位输入存期；后面两位表示相应的存期。现系统中的定期储蓄业务存期代码共有以下几种：1天期通知存款的存期代码为101；7天期通知存款的存期代码为107；3月期定期存款的存期代码为203；6月期定期存款的存期代码为206；1年期定期存款的存期代码为301；2年期定期存款的存期代码为302；3年期定期存款的存期代码为303；5年期定期存款的存期代码为305；8年期定期存款的存期代码为308。

（6）业务操作中凭证号码必须为8位，密码为6位。

（7）若某业务要取消密码功能，请在窗口上找到印鉴类别，选择C（无限制）或D（印鉴）。

（8）窗口中若“客户号”旁边有两个输入框（上下或左右排列），我们称第一个为“客户号”，称第二个为“客户号重复”。“账号”、“存折号”、“存单号”与此相同。

（9）任何时候，若打印出现故障不能再进行处理，请先退出本系统后再进入系统，按以下顺序处理。

选择“个人储蓄”按钮，进入“个人储蓄”处理窗口；

选择“特殊业务”按钮，进入“特殊业务”处理窗口；

选择“凭证”按钮，进入“凭证处理”窗口；

选择“重打最后交易”按钮，进入打印处理窗口；

选择要打印的交易，选择“执行”按钮，在系统的提示下操作。

八、当天业务处理

每天请按以下顺序处理：

（1）打开机器，进入系统；

（2）做现金日初（钱箱管理：现金有价凭证出库）；

（3）处理具体储蓄业务；

（4）做现金日终平账（钱箱管理尾箱轧账）；

（5）退出系统、关机。

九、日常操作流程

对网点来说，专人或指定柜员把支行的凭证或现金领到库钱箱中，该项操作的领用必须是全额领用，即支行分配多少必须领用多少。然后每个柜员进行“现金/凭证出库”的操作，将自己办理业务所要使用的现金和凭证从网点库钱箱领到自己的柜员钱箱中。强调交易为柜员领用现金或凭证为柜员上缴现金或凭证。柜员与柜员之间可使用“现金/凭证调配”相互协调使用。只能由调出柜员做。

业务流程：到银行办理开账户业务（包括普通业务和卡业务）的客户都要先开立一个普通或一卡通客户号。

（一）普通账户

客户拿身份证、凭条来办理新开账户业务，柜员先进行“开普通客户”交易，输入证件类型和号码后回车，如果系统提示“该证件已开过客户号”，则记下该客户号，退出“开普通客户”交易，直接进入相应的开账户交易。如果系统没有任何提示，说明该证件不曾开立客户号，那么柜员就请客户重新填写“客户申请书”，然后连同填好的凭条和证件一起交给柜员，从“开普通客户”交易开始。

（二）一卡通账户

客户填写“客户申请书”、凭条，连同有效证件一起交给柜员，从“开一卡通客户”交易开始。客户开过客户号后，以后再办理开账户，就不必再填写“开户申请书”，直接就可以办理业务了。

（三）注意事项

普通客户号可以开一本通和普通账户，一卡通客户号可以开所有账户。原则上一个有效身份证件只能开一个客户号。开过普通客户号的有效身份证件可以再开一个一卡通客户号，但是开过一卡通客户号的有效身份证件不能再开普通客户号。如果某新开客户证件类型和证件号码与其他客户相同的情况下，不再开立新客户，而返回具有相同证件客户的客户号。

代理他人申请开立储蓄账户，须验代理人及储蓄账户申请人的有效身份证件，在开户申请书上注明“代办”字样，并请代理人签字。

（四）一本通、一卡通的销户

一本（卡）通内所有账户结清后，客户还可持此凭证到银行重新开立账号，所以原则上不用销一本通、一卡通凭证，如客户坚持销户，必须将本或卡内所有账户销户后，进入“个人储蓄销一卡通凭证”画面，销一卡（本）通凭证。销户后，一本通凭证加盖“结清”章随传票交事后监督。一卡通卡片当客户面在靠磁条的一端中间剪一“V”型缺口（深度应跨过磁条宽度）。注销后，日终交前台主管签收，同时，填写“废卡回缴清单”。按月将销卡汇总后，于次月上旬送卡部销毁。

（五）通用规定

（1）客户当日密码累计输错5次，电脑自动对客户的账户进行锁定，待当日业务终了，机房批处理完毕后，第二日电脑自动对该账户作解锁处理。

（2）可以办理无折（卡）续存业务，但要给客户打印“商业银行储蓄存款回单”。在下次办理业务时通过补登折记录上笔业务。

（3）定期业务下的强行销户指节假日到期的定期存款在节假日之前几天办理销户的业务应用程序。此时利率按原定期利率，天数按实存天数计算。

（六）其他业务

1. 冲账

业务处理过程中，如果发生错账后，不允许抹账，所有的错账一律通过“冲账”解决。

（1）冲账业务的办理必须是双人，其中一人为管理级人员。

（2）冲账不允许冲单边，必须冲一套。

（3）系统冲账结束后，还要手工补制冲账传票（摘要栏要写明冲账户名、账号、冲账流水），这样冲账才算全部结束。

2. 补账

有密码业务发现有错账，必须进行冲账，同时要办理补账业务。一笔冲账业务只能办理一笔补账业务。

（1）必须双人办理，其中一人为管理级人员。

（2）必须是本行的账务。

（3）补账业务也必须手工填制凭条（按正确的业务情况），写明补账流水。

（4）补账必须有借方、贷方，借方贷方合计金额要相等。

（5）在冲账、补账业务处理过程中，如果牵涉到凭证问题，可以手工调整，并注说明。

3. 冲销户

开户后若发现户名打印错误、存折打印错误等情况，在没有办理其他存取款业务之前可以进行冲开户，冲开户后原凭证作废。

定期或活期销户过程中发生错误，可通过冲销户将该账户置为最后销户那笔交易以前的状态，并保证积数正确。

（1）必须双人办理，其中一人为管理级人员。

（2）冲销户过程同样需要手工填制红字冲正传票四张。一张传票冲正现金，一张传票冲正本金，一张传票用于冲正利息，另一张传票用于冲正代扣利息税。这样冲销户才算完成。

（七）特殊业务

1. 特殊业务申请书

（1）客户办理特殊业务必须首先填写“特殊业务申请书”一式两联，业务办理完毕后请客户签名确认，将银行留存联收回，日终随传票送事后监督。

（2）支行报表机每天打印特殊业务清单，支行前台负责人负责检查监督“特殊业务申请书”。

2. 需要填写“特殊业务申请书”的业务范围

（1）私人客户维护；

（2）表内信息维护；

（3）口挂、解除口挂；

（4）补开一卡通/一本通凭证；

（5）加/删密码。

（八）特殊业务说明

1. 信息维护

（1）私人客户维护：各支行客户姓名和有效证件号码的修改必须填写“特殊业务申请书”，到支行营业部进行修改，并由 A 级柜员授权。原则上不允许同时对姓名和有效证件号码进行修改。

（2）表内账户信息维护：表内账户信息维护中可对“通存通兑”、“自动转存”、“账户性质”、“计息标志”进行修改。例如，将账户性质由代收代扣修改为正常后，工资转存才可以清户。

2. 账户维护

（1）账户部分冻结、账户部分解冻、账户冻结、账户解冻均不允许跨网点办理。其中账户部分冻结时，部分冻结金额和部分解冻金额必须一致。

（2）睡眠户激活：根据规定年限以上没活动的客户，系统自动定义为睡眠户，再活动时要先激活此户，再办理正常业务。

3. 凭证维护

凭证挂失必须在发出凭证的网点办理，由客户填写“挂失业务申请书”。

4. 一卡通

（1）卡通换凭证：一卡通/一本通破损或用满后进行更换，由客户填写“特殊业务中请书”。更换 本通时，存折打印一本通中未销户的账户信息。

（2）一卡通重新写磁：一卡通/一本通在磁条信息受到破坏，不能正常读出的情况下，用户可以持原卡/存折到任何网点进行重新写磁的操作。由客户填写“特殊业务申请书”。

（3）一卡通打印调整：一本通中将存折行号标记的交易之后的所有

交易设为未登折交易并进行打印调整。其中起始行为接下来开始打印的行数，不输入起始行则从第一笔交易开始调整。存折行号必须输入三位数。调整时不打印，调整后通过补登折反映。

5. 凭证

（1）重打最后交易：业务进行过程中，若存折（单）、凭条打印不正规或由于打印机的故障造成凭条或存折（单）没打印上，前台操作员可选择“重打最后交易”进行补打。

要求：由于每个终端只记录最后 5 笔交易的打印信息，所以当发生故障时，要及时办理补打业务。

（2）凭证密码修改：用于普通存折、存单的密码修改。修改不用授权，加密码需要授权。无密码时为非通兑户，加密码后若要通兑，必须进行的操作将对应账户的通兑状态由“非通存通兑”修改为“通存通兑”，否则系统默认该账户仍为非通兑户。

第二节　对公会计业务概述

一、系统特点

（一）面向客户

目前对公系统的业务处理均以账号为基础，同一客户不同的业务品种的账务之间缺乏有机的联系。同一客户的存贷款、资金去向等完整的业务信息难以把握。

为加强对客户的服务，减少银行资金运营风险，必须强化对客户信息的管理。因此新系统提出面向客户信息的设计方法，以客户信息文件（CIF）为基础，构造客户信息管理子系统（CIS—Customer Information System）。

以客户为中心，引入客户号，统辖相关的多个账户。客户号是面向客户的基础，系统根据客户号唯一地识别一个客户。账户中不但包含了传统的账务信息，更重要的是它必须归属于一个全行唯一的客户号。客户号的引入为银行提供一个重要的角度——客户——来掌握银行的经营情况。便于实现客户理财，控制多头贷款等，为将来的客户关系管理奠定基础。

（二）核心会计

现有对公系统的主要特点：

（1）面向账务的业务处理。

（2）采用单边记账。

（3）采用录入—复核的传统记账方式。

（4）账务中能反映少量的业务信息。

（5）其典型的业务处理方式如下：

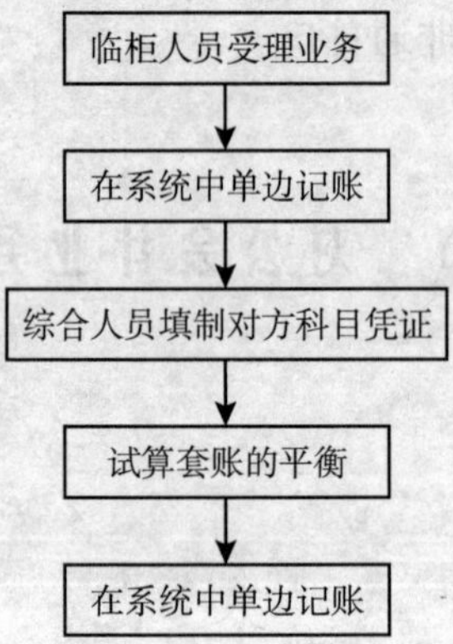

图 2－1

系统采取核心记账方式。核心会计思想是业务处理上对会计处理的客观要求。银行的每个业务处理可以分成两部分：一部分为业务部分；另一部分为会计记账部分。业务部分根据业务品种的不同，在处理方式上流程控制是不同的，系统一定要设置相关的交易去处理它。但会计记账是有一定规律的，可以从具体的交易中分离出来，形成一个大家能共同使用的核心模块，即建立参数化的记账核心，由于记账核心是事先设置好的，相当于把银行的会计知识放入了一个知识库，并经过认真细致的核查，其准确性在程序代码中有保证。

核心会计，即并账制，它是将银行的会计核算过程从业务处理过程提取出来，成为一个通用的会计核心，所有业务过程如储蓄、对公、国际业务等都围绕着同一个会计核心来展开。这样就为将来创新银行业务打下了一个坚实的基础，同时也最大限度地减少了因会计核算办法的改变而对业务过程带来的影响。

统一会计账是针对传统的系统各部门间、地域间条块分散，极难统一而提出的解决方案，并提出了全行一本账的最终目标。

统一会计账设置全行统一账务，统一数据标准，在统一账务结构的基础上，形成了统一会计核心。然后在会计核心的基础上，再构造业务功能。

核心会计的主要特点有：

（1）业务过程的记账只记入明细账，总账由主机在日终时统一记入。

（2）不允许抹账，所有错账一律通过冲账解决。

（3）冲账不允许冲单边，必须冲一套。

（4）记账必须采用套账，做到一记双讫或一记多讫。

（5）采用事中复核和事后监督相结合的方式。业务处理上充分考虑单人临柜，对大额业务需要事中复核，各种业务中需要复核的金额大小可以设置。

（6）业务的记账过程由电脑自动完成，逐步消除临柜人员直接记账。

（三）面向业务

改变以往银行会计系统就是记账系统的方式，银行业务在系统中大部分以业务形式完成，电脑自动记账。提高工作效率，降低出错率。将日终对账由核对账务逐步改为核对业务，账务核对由系统自动完成。促使银行将重点转移到提高服务质量上来。

采用面向业务的操作方式具有以下特点：

（1）每一套账都自身平衡；

（2）简化办理业务的手续，降低对临柜人员会计水平的要求；

（3）账务核算办法在系统中确定，不受人工控制；

（4）统一全行的会计核算办法，在系统中保证业务的合规性；

（5）是银行内控制度在系统中的一种表现；

（6）建立在会计核心基础之上的业务操作，更便于新业务的快速开展，以及业务的创新。

典型业务处理模式如图 2－2 所示。

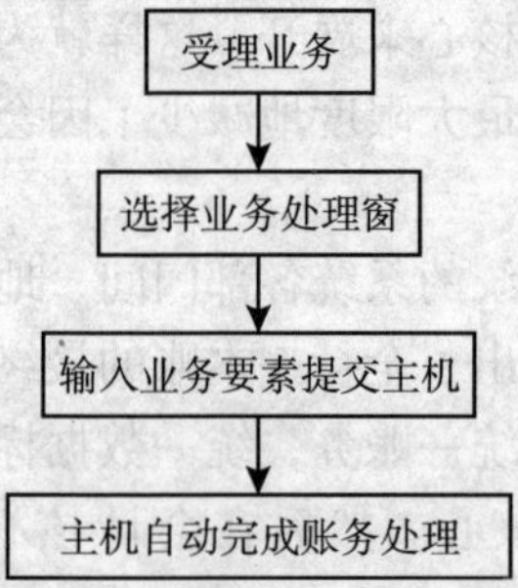

图 2－2

（四）数据全行大集中

（1）方便管理层及时获取各类统计信息，降低综合人员的工作强度；

（2）是实现通存通兑的基础；

（3）方便行内资金划拨，以及资金集中清算；

（4）减少系统内的未达账；

（5）全行结账由主机统一完成。

（五）业务代码

目前大多数银行业务系统往往是按行号、科目编号来产生账号的，当需要调整科目时，账号也要调整。而我们现在采用业务代码来建立账号与各级科目的对应关系，就避免了这个问题，从而也适应了会计制度的变化。

业务代码与会计科目具有相同的意义：都是总括、反映及监督经济活动和财务收支的一种方法；都是对会计要素的具体化。但是，业务代码比会计科目更适合银行本身的需要。具体区别如下：

（1）业务代码是银行按照自身需要而对会计科目的进一步细化；

（2）业务代码可以快速适应新业务的发展，避免会计科目滞后于业务变化而带来的不利因素；

（3）业务代码面向的是更具体的业务，会计科目面向的是对一类业务的概括，因此业务代码更稳定；

（4）业务代码便于进行账户分类、明细的查询统计；

（5）两者之间的关系可以用图 2－3 表示。

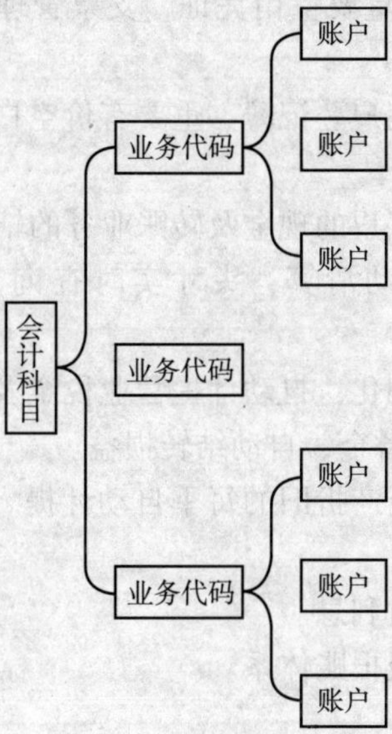

图 2-3

二、系统的功能

（1）客户化系统：可以按客户号查询该客户在全行的所有存款、贷款情况。

（2）改单边记账为记套账，不存在不平账的情况。

（3）简化前台日终结账操作，只需打印轧账单即可。上总账、上账页、滚积数等大量的批量处理改在后台晚间进行。第二天，自动生成各类报表，打印记账传票、补充传票列表。

（4）报表方面，支行可以查询打印全年任何一天的报表。

（5）新会计系统完全运行后，储蓄当天的账务自动记入会计系统，不需要会计人员次日根据储蓄机制传票补记账。

（6）对个人消费贷款业务采用台账管理，实现了自动扣款、自动记贷款及利息账、自动打印本金、利息清单、欠缴未缴明细清单等功能。

（7）贷款自动收息入账（本期及前期）、自动转逾期。

（8）新系统对账户类别进行严格管理，杜绝了任意开户、非基本户取现等违规操作。

(9) 电脑自动管理重要空白凭证，支票管理到号码，支票号码与账户唯一对应。

(10) 自动生成开销户登记簿、重要有价空白凭证登记簿、库存现金登记簿、特殊业务登记簿。

(11) 实现了对公账户的现金及转账业务的辖内通存，实时入账。

(12) 汇差资金自动清算，头寸实时查询，联动记账，不需手工操作。

(13) 年终处理自动化：自动计提营业税金及附加、自动计提呆账准备金、自动计提坏账准备金、自动结转损益。

(14) 增加了固定资产折旧的每季自动计提入账，递延资产、无形资产每季自动摊销。

(15) 自动计提应付利息。

(16) 实现收支逐级报账体系。

三、账号编排体系

系统中使用的账号的编排方式如下：账号由客户号（10 位） + 账号后缀（5 位）组成。

（一）客户号的编码方式

客户号第 1 位用数字 4—8 表示企业账号。

客户号第 2—9 位为顺序号。

客户号第 10 位为校验位。

账号后缀第 1—4 位分段划分：

(1) 区间 0000—4999 为对客户负债类。

(2) 账号后缀第 1—2 位为负债类科目代码的对照码。

(3) 账号后缀第 3—4 位为科目代码属下顺序号。

(4) 账号后缀第 5 位为校验位。

(5) 区间 5000—5999 为对客户债权类（包括正常贷款、逾期贷款、呆滞贷款、呆账贷款）。

(6) 账号后缀不体现科目信息。

(7) 账号后缀前四位顺序编号。

(8) 账号后缀第五位用以区分贷款状态：

0 为正常贷款；

1 为半年内逾期贷款；

2 为半年以上逾期贷款；

3 为呆滞贷款；

4 为呆账贷款。

（9）区间 6000～6999 为表内应收未收利息。

（10）账号后缀不直接体现科目信息。

（11）账号后缀顺序编号。

（12）账号后缀第 5 位为校验位。

（13）区间 7000～7999 为表外应收未收利息。

（14）账号后缀不直接体现科目信息。

（15）账号后缀顺序编号。

（16）账号后缀第 5 位为校验位。

（17）区间 8000～9999 暂未使用，留待扩充。

说明：（1）一个客户号，可以在不同支行、网点开立存款账户，账户属于开户网点不一定属于开客户的网点。

（2）每个客户可以在每个对公存款科目下开设 100 个分户。

（3）每个客户下可以开设 1000 个贷款分户。

例如：某 A 商业企业在我 01 支行 02 网点开户（交换号为 8001，网点序号为 3），在 01 支行营业部贷款 100 万，逾期 7 个月，欠息 10000 元。A 企业在银行系统内部的活期存款账号为：

4 00001688	9	02	01	7
企业客户顺序号	校验位	存款科目代码	顺序号	校验位

其中 4000016889 为 A 企业在银行系统内唯一的客户号，400001688902017 为系统内活期存款账号。

当 A 企业在 08 支行 01 网点（交换号 8012）又开了一个新的活期存款户，账号为 400001688902025。客户号不变，存款科目代码不变，改变的是账户顺序号和账号校验位。

A 企业在 01 支行的贷款账号为 400001688950002。

A 企业在 01 支行的表外应收未收账号为 400001688970019。

A 企业在 08 支行又贷款 50 万元，贷款账号为 400001688950010。

（二）内部账号的编码方式

内部账号中的客户号对应一个网点在某个币种下的某种业务。

客户号第 1 位用数字 9 表示内部账号。

客户号第 2—5 位为网点号。

客户号第 6—7 位为货币代号。

客户号第 8—10 位为业务代码。

账号后缀第 1—5 位为顺序号。

说明：（1）每个业务代码对应到唯一的科目。采用业务代码可以防止科目号的变动，并节省账号长度。

（2）账号后缀的编号全行统一规定。

例如：9 0 2 0 1 1 0 8 4 9 0 0 0 0 3 中“9”表示内部账号，0201 表示 0201 网点，第 6—7 位的 10 表示币种，第 8—10 位 849 是应交凭证费的业务代码，最后的 5 位 00003 表示工本费的账号后缀。所以这个内部账号反映的就是 02 支行 01 网点出售凭证工本费的收入情况。

四、柜员管理

（一）柜员编号

（1）柜员由市行统一管理。

（2）柜员号 5 位，网点柜员形式为：K## **，其中 K 表示该柜员是操作员，##（01—39）为支行号，** 为支行下柜员统一编号（00—99）。例如 K0215 表示 02 支行的第 15 位柜员。

（二）柜员密码及权限管理

（1）柜员首次使用系统，必须首先修改自己的柜员密码。系统默认密码都是 888888。

（2）柜员要保管好自己的密码，原则上要求每个月修改一次密码。

（3）如因密码泄露或将密码交由他人使用而造成的损失或事故由柜

员自己负责。

（4）柜员密码忘记必须由中心机房进行解挂并更新密码才能再使用。

（5）柜员要严格按照自己的级别权限进行操作或授权。

五、凭证管理

（一）凭证管理的特点

（1）新系统对所有重要凭证都采取微机自动管理的方式，重要空白凭证的号码与对应的唯一账号联动；

（2）实现逐级的凭证下发、领用控制；

（3）提供对凭证库存的管理；

（4）通过钱箱，实现表内外账务的联动；

（5）通过业务代码，可灵活扩充对凭证种类的管理范围。

（二）凭证种类

凭证种类见表2-1。

表2-1

现金支票	人行电子联行补充报单
转账支票	省内邮划借方报单
单位定期存单	省内邮划贷方报单
单位定期开户证实书	省内电划借方报单
内部往来科目报单	省内电划贷方报单
省辖特约联行银行汇票	全国异地通汇邮划借方报单
全国异地通汇特约汇款证	全国异地通汇邮划贷方报单
代签工商银行汇票	全国异地通汇电划借方报单
商业承兑汇票	全国异地通汇电划贷方报单
银行承兑汇票	

其中由系统按号码严格管理的见表2-2。

表2-2

TCKZ	转账支票	CCKZ	现金支票
CNFX	单位定期存款开户证实书	BOTD	汇票委托书
PYCK	商行往来划款凭证	TEMO	工行电汇
IPYC	工行往来划款凭证	TUCD	电子联行电划贷方报单
PYCK	内部往来科目报单	YHHP	银行承兑汇票

（三）凭证领用

系统的凭证领用采取从市行到支行、支行到网点的二级分配体系。支行到市行领用凭证时，市行财会部必须将凭证的起始号码输入中心机房的管理机内，并进行分配操作，将凭证分配到各支行营业部。同样，支行凭证管理员要做凭证的全额领用并将凭证的起始号码有计划的分配到各网点的库钱箱里，网点凭证负责人在前台机器交易界面选择凭证领用交易把凭证领到库钱箱，柜员通过凭证出库交易领入凭证。只有经过以上的领用及出库步骤，重要空白凭证才能在前台使用。具体流程可以用图2-4表示。

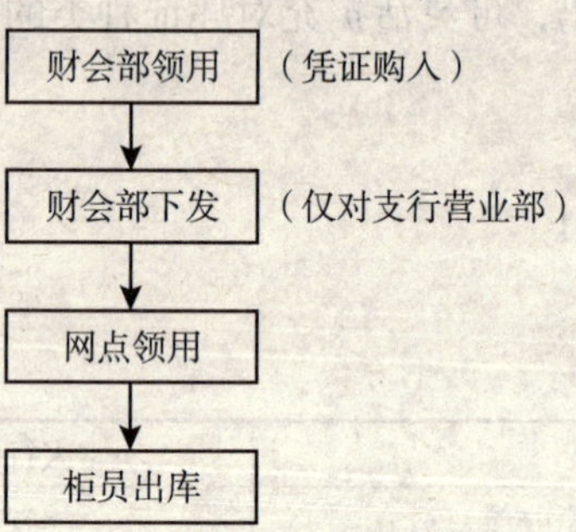

图2-4

注意事项：

（1）领用和下发过程必须在当天完成。本过程只能在本网点的大库中处理。

（2）除了财会部的购入过程，其他的领入数量和区间必须和管辖行下发一致。对于尚未出售给客户的支票，包括支票的领用、下发、出售必须严格输入支票号码。

（3）支票批量作废：当人行规定某一批支票停止交换后，支行将支票统一上缴到财会部，财会部清点无误后，集中作废。系统统一将该批凭证作作废处理，包括已出售给客户尚未使用的凭证。

（4）剩余凭证在过渡时期使用的注意事项：

系统运行初期，由于对客户手中的支票无法全额登记，则对支票号码不进行控制，在记账中选其他凭证类型。对新出售的支票，必须严格在电脑中登记。出售给客户的支票在系统中有完整的登记簿。

系统运行一段时间后，启动对支票的控制系统，如果系统遇到后四位有重复的，必须输入含批号在内的全部支票号码。

六、钱箱管理

系统对网点设立库钱箱和柜员钱箱。本所钱箱本网点所有柜员都可使用，一个钱箱可以有多个柜员使用，一个柜员可以有多个钱箱。柜员第一次使用新系统时没有柜员钱箱。具体操作是：柜员登录，进入“增加柜员钱箱”界面，输入相应内容，完成增加钱箱操作。然后柜员退出系统，重新登录，输入用户注册名、钱箱号码、用户密码，回车后进入业务界面。以后柜员每次登录时必须输入钱箱号码，否则只能做转账业务而不能做现金业务。

七、对公业务范围

（一）业务处理范围

对公业务处理包括三层：营业网点、管辖单位（支行）、管理单位（市行）。

（二）营业网点业务处理范围

存款业务包括：对公活期存款、对公定期存款。

（1）活期户，包括一般存款（包括基本户、一般户、临时户、专用户、辅助户等存款）、协议存款，使用对公支票。

（2）整存整取定期存款，使用对公开户证实书。

（3）1天期通知存款，使用对公开户证实书。

（4）7天期通知存款，使用对公开户证实书。

贷款业务包括：对公贷款、个人消费信贷。

(1) 企业贷款。

(2) 贴现。

(3) 银行承兑汇票。

(4) 个人消费信贷。

结算业务包括：

(1) 辖内业务。

(2) 同城交换。

(3) 电子联行。

(三) 管辖单位（支行）业务处理范围

(1) 对下属营业网点的监督。

(2) 综合账务。

(3) 登记簿。

(4) 对所辖营业网点进行资金清算。

(5) 会计报表。

(6) 统计报表。

(四) 管理单位（市行）业务处理范围

(1) 凭证总库管理。

(2) 损益管理。

(3) 会计报表。

(4) 统计报表。

(5) 信息查询。

(6) 全行资金清算。

(7) 部门管理。

(8) 科目、业务代码管理。

(9) 柜员及权限管理。

(10) 系统参数管理。

八、日常操作流程

开机后，进入登录界面，输入柜员号、钱箱号、密码（柜员业务不涉及现金或重要有价空白凭证的收付可以不输入钱箱号），系统校验成功后进入主界面。柜员进入主界面，屏幕右端显示系统日期、柜员号、钱箱号。

系统采用菜单结构与交易码并行的方式。柜员办理业务可以从机器主界面到子界面一层层进入，了解到每一项业务的主菜单和子菜单。

日终轧账包括柜员钱箱轧账、柜员轧账、网点轧账三项内容。

（1）柜员钱箱轧账打印出“柜员钱箱轧账单”，包括当日该柜员现金、凭证的领用、上缴、入库、出库及余额数。利用钱箱轧账可以查询现金及凭证数。该项操作每天可多次使用。

（2）柜员轧账打印出“柜员轧账单”，包括当日该柜员所做的全部业务，按照科目的借贷方发生额、笔数，分现金转账汇总。该项操作每天可多次使用。

（3）网点轧账打印出“网点轧账单”，反映网点全部业务。每天只能操作一次。

注意：柜员轧账后不可以再进行业务操作，如果尚有业务需要处理，必须进行柜员平账解除，才可以继续做业务。网点轧账后不可以再进行本网点的业务操作。如果尚有业务需要处理，必须由市行中心机房解锁，再做柜员平账解除，才可以继续做业务。网点轧账必须在所有柜员均做完柜员轧账后才可以操作。

第三章

个人储蓄业务

本章学习提要

教学重点是：开立个人客户号；掌握领取各种业务凭证的方法、活期开户、存取款及销户业务、整存整取开户、存取款及销户业务、定活两便开户、存取款及销户业务、存本取息开户、存取款及销户业务、通知存款开户、存取款及销户业务、教育储蓄开户、存取款及销户业务、个人支票开户、存取款及销户业务、通过客户号或账号进行业务查询的方法；查询日终处理后生成的各种业务报表；掌握代理业务操作流程及业务操作。

实验操作包括：领取各种业务凭证；开设一个或多个客户号并生成对应的储蓄账号；进行各种储蓄业务操作及代理业务操作；查询交易记录并生成相应的业务报表；进行日结轧账处理。

课时安排：讲解 2 个课时，实验操作 20 个课时。

第一节　个人储蓄

在商业银行业务系统界面中，选择“个人储蓄”按钮，即进入储蓄系统操作界面。包括客户管理、活期、整存整取、定活两便、零存整取、存本取息、通知存款、教育储蓄、特殊业务和存本转息十个部分。

一、客户管理

在银行办理所有新开户业务时都必须先开客户，在输入 ID 类别、ID

号后回车，系统会自动判断是否在银行开过客户，如果已有客户号可将系统提供的客户号记下后办开户业务；如果系统不提示，则表明此户未在银行开过客户，必须先开客户后开账户。

注意：一卡通客户号已打在卡上，开卡客户时直接输入。

在储蓄系统界面中选择“1-客户”按钮，进入客户管理界面，包括：开普通客户、开一本通存折、销一本通存折。

（一）开普通客户

（1）进入开普通客户界面：“个人储蓄”→“客户管理”→“开普通客户”。

（2）输入客户号、客户姓名、客户称谓、ID类别、ID号、ID号重复、邮编、地址1、地址2、地址3、电话（家）、电话（办公）、传真（FAX）。

（3）检查无误后选择“执行（R）”按钮，在系统提示下操作。

（4）开客户后直接开账户时，新开户画面上客户号系统会自动产生。

（5）注意事项：客户姓名不能为空。客户号由客户自己选择，临柜人员输入。客户没有提供有效证件时，则ID类别选择Z（无）。

如图3-1所示：

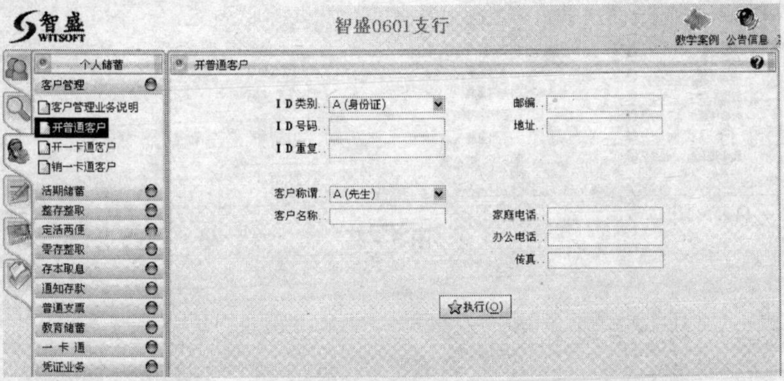

图3-1

（二）开一卡通客户

（1）进入开一卡通客户界面：“个人储蓄”→“客户管理”→“开一卡通客户”，凭证类型选择“一本通”或“一卡通”。

（2）输入客户号、存折号、存折号重复、客户姓名、客户称谓、ID类别、ID号、ID号重复、印鉴类别、邮编、地址1、地址2、地址3、电话（家）、电话（办公）、传真（FAX）、通存通兑、附件数。

（3）检查无误后选择“执行（R）”按钮，在系统提示下操作。

（4）开一本通存折时必须输入密码，系统提示用户两次输入密码，一次输入、一次重复确认。密码为6位。

（5）注意事项：客户姓名不能为空。客户没有提供有效证件时，则ID类别选择Z（无）。在开客户界面中，右边栏中除通存通兑和附件数外任意一项均可填可不填（依据客户提供信息）。当作一本通交易时只输存折号，不输客户号，客户号系统给定。当作一卡通交易时客户号、卡号必须按照新卡上打印的号码输入。当作卡本通交易时客户号、存折号、卡号都必须输入。

如图3－2所示。

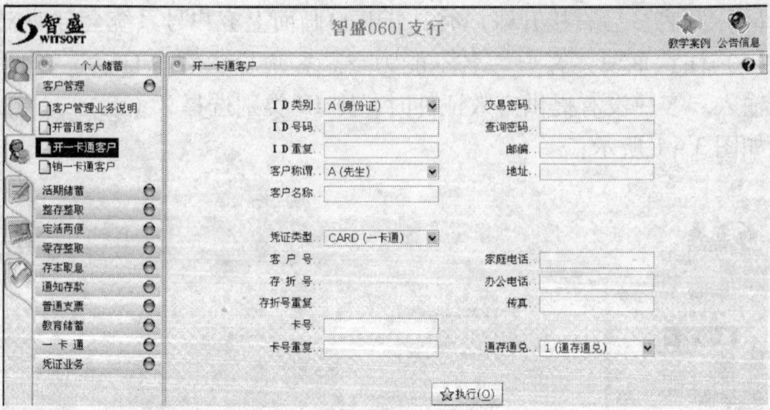

图3－2

（三）销一卡通客户

（1）进入销一本通存折界面：“个人储蓄”→“客户管理”→“销一卡通客户”，凭证类型选择“一本通”或“一卡通”。

（2）输入客户号，按回车键，在系统提示下刷存折。输入存折号、摘要、附件数、ID类别、ID号。若是手工输入，则输入客户号后，不要按回车键，用上下光标键来移动光标到下一个输入框。

（3）检查无误后选择“执行（R）”按钮，在系统提示下操作。

（4）注意事项：当客户号和存折号输入完毕后，光标移到下一个输入框时，系统自动在窗口的上半部分显示出该客户的详细信息，包括：客户号、凭证号、户名、客户类别、存取方式、状态、冻结原因、冻结日期、冻结用户。

二、活期

“活期储蓄”是指无固定存期、可随时存取、存取金额不限的一种比较灵活的储蓄方式。其特点如下：

（1）适用于所有客户；

（2）随时存取，办理手续简便；

（3）资金运用灵活性较高；

（4）人民币1元起存，港币、美元、日元和欧元等起存金额为不低于1美元的等值外币。

（5）在系统内实现一卡通人民币、港币、美元活期存款的同城及异地通存通兑业务。

操作：在储蓄系统界面选择活期按钮，进入活期管理界面。

（一）普通活期开户

（1）进入普通活期（开账户）界面：“个人储蓄”→“活期操作”→“普通活期开户”。

（2）输入网点号、客户号、存折号、（存折号）重复、货币、交易码、金额、印鉴类别、密码、存折打印、附件数、通存通兑。

（3）检查无误后选择“执行（R）”按钮，在系统提示下操作。

（4）注意事项：客户没有提供有效证件、印鉴和密码时，印鉴类别选择C（无限制）。若印鉴类别选择C（无限制）或D（印鉴），则密码无须输入。当客户号、存折号、（存折号）重复、货币、交易码输入完毕后，光标移到下一个输入框时，系统自动在窗口的上半部分显示出该客户的详细信息，包括：客户号、凭证号、户名、客户类别、存取方式、状态。

（二）普通活期存款

（1）进入普通活期（存款）界面：“个人储蓄”→“活期操作”→

"普通活期存款"。

（2）若是有折存款，则输入网点号、账号后，按回车键，在系统提示下刷存折，输入存折号、货币、交易码、金额、存折打印（选择"打印"）、凭证输入（选择"刷存折"）、附件数。

（3）若是无折存款，则输入网点号、账号后，不要按回车键，用上下光标键来移动光标到下一个输入框，输入存折号、货币、交易码、金额，打印（选择"不打印"）、凭证输入（选择"手工输入"）、附件数。

（4）检查无误后选择"执行（R）"按钮，在系统提示下操作。

（5）注意事项：当账号、存折号、货币和交易码输入完毕后，光标移到下一个输入框时，系统自动在窗口的上半部分显示出该客户的详细信息，包括：账号、凭证号、户名、业务品种、货币、余额、存取方式（无折存款时不显示）、账户状态、通存通兑。

（三）普通活期取款

（1）进入普通活期（取款）界面："个人储蓄"→"活期操作"→"普通活期取款"

（2）输入网点号、账号后，按回车键，在系统提示下刷存折，输入货币、交易码、金额、密码、ID类别、ID号、存折打印、凭证输入。

（3）若储户的存折损坏，则需手工输入。操作方法参阅普通活期存款手工输入的有关说明。

（4）检查无误后选择"执行（R）"按钮，在系统提示下操作。

（5）注意事项：当账号、存折号、货币和交易码输入完毕后，光标移到下一个输入框时，系统自动在窗口的上半部分显示出该客户的详细信息，包括：账号、凭证号、户名、业务品种、存取方式、账户状态、通存通兑。

（四）普通活期销户

（1）进入普通活期（销户）界面："个人储蓄"→"活期操作"→"普通活期销户"

（2）输入网点号、账号后，按回车键，在系统提示下刷存折，输入货币、交易码、金额、密码、ID类别、ID号、存折打印、凭证输入。

（3）若储户的存折损坏，则需手工输入。操作方法参阅普通活期存款手工输入的有关说明。

（4）检查无误后选择"执行（R）"按钮，在系统提示下操作。

（5）注意事项：当账号、存折号、货币和交易码输入完毕后，光标移到下一个输入框时，系统自动在窗口的上半部分显示出该客户的详细信息，包括：账号、凭证号、户名、业务品种、存取方式（无折存款时不显示）、账户状态、通存通兑。

（五）补打普通活期存折

（1）进入补打普通存折界面："个人储蓄"→"活期操作"→"补打普通活期存折"

（2）输入地区码、账号，按回车键，在系统提示下刷存折，输入存折号。

（3）检查无误后选择"执行（R）"按钮，在系统提示下操作。

（4）注意事项：只有客户有未登折记录且要求补登折时才选用此项。如果是因为打印机故障而希望重打最后一笔存折交易，请用"特殊业务"中的"重打最后交易"菜单，如果仍不行再尝试此菜单。

（六）一卡通/一本通活期开户

（1）进入一本通活期（开账户）界面："个人储蓄"→"活期操作"→"一卡通活期开户"，凭证类型选择"一本通"或"一卡通"。

（2）输入地区码、客户号后，按回车键，在系统提示下刷存折，输入存折号、货币、交易码、金额、账户属性、凭证输入、存折打印。

（3）手工输入的操作方法请参阅普通活期存款手工输入的有关说明。

（4）检查无误后选择"执行（R）"按钮，在系统提示下操作。

（5）注意事项：当客户号、存折号、货币和交易码输入完毕后，光标移到下一个输入框时，系统自动在窗口的上半部分显示出该客户的详细信息，包括：客户号、凭证号、户名、客户类别、存取方式、状态。

（七）一卡通/一本通活期存款

（1）进入一本通活期（存款）界面："个人储蓄"→"活期操作"→"一卡通活期存款"，凭证类型选择"一本通"或"一本通"。

（2）若是有折存款，则输入地区码、客户号后，按回车键，在系统提示下刷存折，输入存折号、子户号、货币、交易码、金额、凭证输入（选择"刷存折"）、存折打印（选择"打印"）。

（3）若是无折存款，则输入地区码、客户号后，不要按回车键，用上下光标键来移动光标到下一个输入框，输入存折号、子户号、货币、交易码、金额、凭证输入（选择“手工输入”）、存折打印（选择“不打印”）。

(4) 检查无误后选择“执行(R)”按钮，在系统提示下操作。

(5) 注意事项：当客户号、存折号、子户号、货币和交易码输入完毕后，光标移到下一个输入框时，系统自动在窗口的上半部分显示出该客户的详细信息，包括：账号、凭证号、户名、业务品种、货币、余额、存取方式（无折存款时不显示）、账户状态、通存通兑。

（八）一卡通/一本通活期取款

(1) 进入一本通活期（取款）界面：“个人储蓄”→“活期操作”→“一卡通活期存款”，凭证类型选择“一本通”或“一卡通”。

(2) 按回车键，在系统提示下刷存折，输入网点号、（客户号）重复、存折号、子户号、货币、交易码、金额、密码、ID类别、ID号、存折打印、凭证输入、附件数。

(3) 储户的一本通存折损坏，则需手工输入。操作方法参阅普通活期存款手工输入的有关说明。

(4) 检查无误后选择“执行(R)”按钮，在系统提示下操作。

(5) 注意事项：当客户号和存折号、子户号输入完毕后，光标移到下一个输入框时，系统自动在窗口的上半部分显示出该客户的详细信息，包括：账号、凭证号、户名、业务品种、货币、余额、存取方式（无折存款时不显示）、账户状态、通存通兑。

（九）一卡通/一本通活期销户

(1) 进入一本通活期（销户）界面：“个人储蓄”→“活期操作”→“一卡通活期销户”，凭证类型选择“一本通”或“一卡通”。

(2) 按回车键，在系统提示下刷存折，输入网点号、（客户号）重复、存折号、子户号、货币、交易码、金额、密码、ID类别、ID号、存折打印、凭证输入、附件数。

(3) 若储户的存折损坏，则需手工输入。操作方法参阅普通活期存款手工输入的有关说明。

(4) 检查无误后选择“执行(R)”按钮，在系统提示下操作。

(5) 注意事项：当客户号和存折号、子户号输入完毕后，光标移到下一个输入框时，系统自动在窗口的上半部分显示出该客户的详细信息，包括：账号、凭证号、户名、业务品种、货币、余额、存取方式（无折存款时不显示)、账户状态、通存通兑。

三、整存整取

整存整取是一种由您选择存款期限，整笔存入，到期提取本息的一种定期储蓄。服务特色是：

（1）较高的稳定收入：利率较高，利率大小与期限长短成正比。

（2）省心方便

具备整存整取存款到期后自动转存功能，您可通过银行提供的多种转账渠道，对一卡通中的存款进行活期转定期或到期定期转活期的操作，还可通过约定转存功能，灵活的管理您的整存整取存款的本息、存期、存款形式等。

（3）资金灵活

在需要资金周转而在银行的整存整取存款未到期时，可以通过自助贷款将账上的整存整取存款作质押、获得个人贷款融资；可部分提前支取一次，但提前支取部分将按支取当日挂牌活期存款利率计息；

（4）起存金额低

各币种起存金额不一，人民币是50元。

（5）存期选择多

人民币存期选择：3个月、6个月、1年、2年、3年和5年。

（一）整存整取开户

（1）进入普通整存整取（开账户）界面："个人储蓄"→"整存整取"→"整存整取开户"。

（2）输入网点号、客户号、存单号、（存单号）重复、货币、交易码、金额、存期、凭证种类、印鉴类别、密码、通存通兑、自动转存。

（3）检查无误后选择"执行（R）"按钮，在系统提示下操作。

（4）注意事项：印鉴类别选择A（密码）或B（密码与证件）时，密码不能为空（由客户输入）。当客户号、存单号、货币和交易码输入完毕后，光标移到下一个输入框时，系统自动在窗口的上半部分显示出该客户的详细信息，包括：客户号、凭证号、户名、客户类别、存取方式、账户状态。存期代码的输入请参阅业务通用操作中的详细说明。

（二）整存整取部分提前支取

（1）进入普通整存整取（部分提前支取）界面："个人储蓄"→"整存整取"→"整存整取部分提前支取"。

（2）输入网点号、账号、存单号、替换存单号、（替换存单号）重复、货币、交易码、金额、凭证种类、密码、ID类别、ID号。

（3）检查无误后选择"执行（R）"按钮，在系统提示下操作。

（4）注意事项：整存整取只能部分提前支取一次。当账号、存单号、货币、交易码输入完毕后，光标移到下一个输入框时，系统自动在窗口的上半部分显示出该客户的详细信息，包括：账号、凭证号、户名、业务品种、货币、余额、账户状态、开户方式、起息日、到息日、存期、通存通兑。若客户有预留密码，则密码不能为空（由客户输入）。否则密码为空。ID类别不能选择Z（无），ID号不能为空。

（三）整存整取销户

（1）进入普通整存整取（销户）界面："个人储蓄"→"整存整取"→"整存整取销户"。

（2）输入网点号、账号、存单号、凭证种类、货币、交易码、金额、密码、ID类别、ID号、摘要。

（3）检查无误后选择"执行（R）"按钮，在系统提示下操作。

（4）注意事项：当账号、存单号、凭证种类、货币和交易码输入完毕后，光标移到下一个输入框时，系统自动在窗口的上半部分显示出该客户的详细信息，包括：账号、凭证号、户名、业务品种、货币、余额、账户状态、开户方式、起息日、到息日、存期、通存通兑。若客户有预留密码，则密码不能为空（由客户输入）。否则密码为空。

（四）一卡通/一本通整存整取开户

（1）进入一本通整存整取（开账户）界面："个人储蓄"→"整存整取"→"一卡通整存整取开户"，凭证类型选择"一卡通"或"一本通"。

（2）输入地区码、客户号后，按回车键，在系统提示下刷存折，输入存折号、货币、交易码、金额、存期、凭证输入、存折打印。

（3）手工输入请参阅普通活期存款手工输入的有关说明。

（4）检查无误后选择"执行（R）"按钮，在系统提示下操作。

（5）注意事项：当客户号、存折号、货币和交易码输入完毕后，光标移到下一个输入框时，系统自动在窗口的上半部分显示出该客户的详细信息，包括：客户号、凭证号、户名、客户类别、存取方式、账户状态。存期代码的输入请参阅业务通用操作中的详细说明。

（五）一卡通/一本通整存整取部分提前支取

（1）进入一本通整存整取（部分提前支取）界面："个人储蓄"→"整存整取"→"一卡通整存整取部分提前支取"，凭证类型选择"一卡通"或"一本通"。

（2）输入地区码、客户号后，按回车键，在系统提示下刷存折，输入存折号、子户号、货币、交易码、金额、密码、ID 类别、ID 号、凭证输入、存折打印。

（3）手工输入请参阅普通活期存款手工输入的有关说明。

（4）检查无误后选择"执行（R）"按钮，在系统提示下操作。

（5）注意事项：当客户号、存折号、子户号、货币、交易码输入完毕后，光标移到下一个输入框时，系统自动在窗口的上半部分显示出该客户的详细信息，包括：账号、凭证号、户名、业务品种、货币、余额、账户状态、开户方式、起息日、到息日、存期、通存通兑。密码不能为空（由客户输入）。ID 类别不能选择 Z（无），ID 号不能为空。

（六）一卡通/一本通整存整取销户

（1）进入一本通整存整取（销户）界面："个人储蓄"→"整存整取"→"一卡通整存整取销户"，凭证类型选择"一卡通"或"一本通"。

（2）输入地区码、客户号后，按回车键，在系统提示下刷存折，输入存折号、子户号、货币、交易码、金额、密码、ID 类别、ID 号、凭证输入、存折打印、摘要。

（3）手工输入请参阅普通活期存款手工输入的有关说明。

（4）检查无误后选择"执行（R）"按钮，在系统提示下操作。

（5）注意：当客户号、存折号、子户号、货币和交易码输入完毕后，光标移到下一个输入框时，系统自动在窗口的上半部分显示出该客户的详细信息，包括：账号、凭证号、户名、业务品种、货币、余额、账户状态、开户方式、起息日、到息日、存期、通存通兑。密码不能为空（由客户输入）。

四、定活两便

如果有较大额度的结余，但在不久的将来须随时全额支取使用时，可以选择“定活两便”方式作为您的储蓄存款形式。定活两便是一种事先不约定存期，一次性存入，一次性支取的储蓄存款。

服务特色是：

（1）既有活期之便，又有定期之利，利息按实际存期长短计算，存期越长利率越高。

（2）起存金额低，人民币50元即可起存。

（3）支取简单，一次存入，一次支取。

（4）计息规定：存期超过整存整取最低档次且在1年以内的，分别按同档次整存整取利率打六折计息；存期超过1年（含1年）的，一律按一年期整存整取利率打六折计息；存期低于整存整取最低档次的，按活期利率计息。

（一）定活两便开户

（1）进入普通定活两便（开账户）界面：“个人储蓄”→“定活两便”→“普通用户定活两便开户”。

（2）输入网点号、客户号、存单号、（存单号）重复、货币、交易码、金额、印鉴类别、密码、通存通兑。

（3）检查无误后选择“执行（R）”按钮，在系统提示下操作。

（4）注意事项：当客户号、存单号、货币和交易码输入完毕后，光标移到下一个输入框时，系统自动在窗口的上半部分显示出该客户的详细信息，包括：客户号、凭证号、户名、客户类别、存取方式、状态。

（二）定活两便销户

（1）进入普通定活两便（销户）界面：“个人储蓄”→“定活两便”→“普通用户定活两便销户”。

（2）输入网点号、账号、存单号、货币、交易码、金额、密码、ID类别、ID号。

（3）检查无误后选择“执行（R）”按钮，在系统提示下操作。

(4) 注意事项：当账号、存单号、货币和交易码输入完毕后，光标移到下一个输入框时，系统自动在窗口的上半部分显示出该客户的详细信息，包括：账号、凭证号、户名、业务品种、货币、余额、账户状态、开户方式、起息日、到息日、存期、通存通兑。若客户有预留密码，则密码不能为空（由客户输入）。否则密码为空。

（三）一卡通/一本通定活两便开户

(1) 进入一本通定活两便（开账户）界面："个人储蓄"→"定活两便"→"一卡通定活两便开户"，凭证类型选择"一本通"或"一卡通"。

(2) 输入地区码、客户号后，按回车键，在系统提示下刷存折，输入存折号、货币、交易码、金额、凭证输入、存折打印。

(3) 手工输入请参阅普通活期存款手工输入的有关说明。

(4) 检查无误后选择"执行（R）"按钮，在系统提示下操作。

(5) 注意事项：当客户号、存折号、货币和交易码输入完毕后，光标移到下一个输入框时，系统自动在窗口的上半部分显示出该客户的详细信息，包括：客户号、凭证号、户名、客户类别、存取方式、状态。

（四）一卡通/一本通定活两便销户

(1) 进入一本通定活两便（销户）界面："个人储蓄"→"定活两便"→"一卡通定活两便销户"，凭证类型选择"一本通"或"一卡通"。

(2) 输入地区码、客户号后，按回车键，在系统提示下刷存折，输入存折号、子户号、货币、交易码、金额、密码、ID类别、ID号。

(3) 手工输入请参阅普通活期存款手工输入的有关说明。

(4) 检查无误后选择"执行（R）"按钮，在系统提示下操作。

(5) 注意事项：当客户号、存折号、子户号、货币和交易码输入完毕后，光标移到下一个输入框时，系统自动在窗口的上半部分显示出该客户的详细信息，包括：账号、凭证号、户名、业务品种、货币、余额、账户状态、开户方式、起息日、到息日、存期、通存通兑。则密码不能为空（由客户输入）。

五、零存整取

如需逐步积累每月结余，可以选择“零存整取”存款方式。零存整取，是一种事先约定金额，逐月按约定金额存入，到期支取本息的定期储蓄。

服务特色是：

（1）适应面较广，手续简便。

（2）积零成整，收益较高。

（3）起存金额低：人民币5元即可起存。

（4）存期选择多：包括1年、3年、5年。

（5）每月需以固定金额存入：若中途漏存，应在次月补齐。未补齐视同违约，违约后将不再接受客户续存及补存。

（一）零存整取开户

（1）进入普通零存整取（开账户）界面：个人储蓄—零存整取—零存整取开户。

（2）输入网点号、客户号、存折号、（存折号）重复、货币、交易码、金额、存期、印鉴类别、密码、通存通兑、存折打印。

（3）检查无误后选择“执行（R）”按钮，在系统提示下操作。

（4）注意事项：存期代码的输入请参阅业务通用操作中的详细说明。当客户号、存折号、货币和交易码输入完毕后，光标移到下一个输入框时，系统自动在窗口的上半部分显示出该客户的详细信息，包括：客户号、凭证号、户名、客户类别、存取方式、状态。

（二）零存整取存款

（1）进入普通零存整取（存款）界面：“个人储蓄”→“零存整取”→“零存整取存款”。

（2）若是有折存款，输入网点号、账号后按回车键，在系统提示下刷存折，输入存折号、货币、交易码、金额、存折打印（选择“打印”）、凭证输入（选择“刷存折”）。

（3）若是无折存款，则输入网点号、账号后，不要按回车键，用上下光标键来移动光标到下一个输入框，输入存折号、货币、交易码、金额、存折打印（选择“不打印”）、凭证输入（选择“手工输入”）。

（4）检查无误后选择“执行（R）”按钮，在系统提示下操作。

（5）注意事项：当账号、存折号、货币和交易码输入完毕后，光标移到下一个输入框时，系统自动在窗口的上半部分显示出该客户的详细信息，包括：账号、凭证号、户名、业务品种、货币、余额、账户状态、开户方式、起息日、到息日、存期、通存通兑、存取间隔、应付利息。

（三）零存整取销户

（1）进入普通零存整取（销户）界面：“个人储蓄”→“零存整取”→“零存整取销户”。

（2）输入网点号、账号后按回车键，在系统提示下刷存折，输入存折号、货币、交易码、金额、密码、ID 类别、ID 号、存折打印、凭证输入、摘要。

（3）手工输入请参阅普通活期存款手工输入的有关说明。

（4）检查无误后选择“执行（R）”按钮，在系统提示下操作。

（5）注意事项：当账号、存折号、货币和交易码输入完毕后，光标移到下一个输入框时，系统自动在窗口的上半部分显示出该客户的详细信息，包括：账号、凭证号、户名、业务品种、货币、余额、账户状态、开户方式、起息日、到息日、存期、通存通兑、存取间隔、应付利息。若客户有预留密码，则密码不能为空（由客户输入）。否则密码为空。

（四）一卡通/一本通零存整取开户

（1）进入普通零存整取（开账户）界面：“个人储蓄”→“零存整取开户”→“一卡通零存整取开户”，凭证类型选择“一卡通”或“一本通”。

（2）输入网点号、客户号、存折号、（存折号）重复、货币、交易码、金额、存期、印鉴类别、密码、通存通兑、存折打印。

（3）检查无误后选择“执行（R）”按钮，在系统提示下操作。

（4）注意事项：存期代码的输入请参阅业务通用操作中的详细说明。当客户号、存折号、货币和交易码输入完毕后，光标移到下一个输入框时，系统自动在窗口的上半部分显示出该客户的详细信息，包括：客户号、凭证号、户名、客户类别、存取方式、状态。

（五）一卡通/一本通零存整取存款

（1）进入普通零存整取（存款）界面：“个人储蓄”→“零存整取开户”→“一卡通零存整取存款”，凭证类型选择“一卡通”或“一本通”。

（2）若是有折存款，输入网点号、账号后按回车键，在系统提示下刷存折，输入存折号、货币、交易码、金额、存折打印（选择“打印”）、凭证输入（选择“刷存折”）。

（3）若是无折存款，则输入网点号、账号后，不要按回车键，用上下光标键来移动光标到下一个输入框，输入存折号、货币、交易码、金额、存折打印（选择“不打印”）、凭证输入（选择“手工输入”）。

（4）检查无误后选择“执行（R）”按钮，在系统提示下操作。

（5）注意事项：当账号、存折号、货币和交易码输入完毕后，光标移到下一个输入框时，系统自动在窗口的上半部分显示出该客户的详细信息，包括：账号、凭证号、户名、业务品种、货币、余额、账户状态、开户方式、起息日、到息日、存期、通存通兑、存取间隔、应付利息。

（六）一卡通/一本通零存整取销户

（1）进入普通零存整取（销户）界面：“个人储蓄”→“零存整取开户”→“一卡通零存整取销户”，凭证类型选择“一卡通”或“一本通”。

（2）输入网点号、账号后按回车键，在系统提示下刷存折，输入存折号、货币、交易码、金额、密码、ID类别、ID号、存折打印、凭证输入、摘要。

（3）手工输入请参阅普通活期存款手工输入的有关说明。

（4）检查无误后选择“执行（R）”按钮，在系统提示下操作。

（5）注意事项：当账号、存折号、货币和交易码输入完毕后，光标移到下一个输入框时，系统自动在窗口的上半部分显示出该客户的详细信息，包括：账号、凭证号、户名、业务品种、货币、余额、账户状态、开户方式、起息日、到息日、存期、通存通兑、存取间隔、应付利息。若客户有预留密码，则密码不能为空（由客户输入）。否则密码为空。

六、存本取息

如果有款项在一定时期内不需动用，只需定期支取利息以作生活零用，您可选择“存本取息”方式作为您的定期储蓄存款形式。“存本取息”业务是一种一次存入本金，分次支取利息，到期支取本金的定期储蓄。

服务特色是：

(1) 起存金额较高，存款余额稳定。起存金额为人民币5000元。

(2) 存期选择多：1年、3年、5年

(3) 分期付息：不得提前支取利息，如到取息日而未取息，以后可随时取息，但不计算复息。

(一) 存本取息开户

(1) 进入普通存本取息（开账户）界面：“个人储蓄”→“存本取息”→“存本取息开户”。

(2) 输入网点号、客户号、存折号、（存折号）重复、货币、交易码、金额、存期、取息间隔、印鉴类别、密码、存折打印、通存通兑。

(3) 检查无误后选择“执行（R）”按钮，在系统提示下操作。

(4) 注意事项：存期代码的输入请参阅业务通用操作中的详细说明。取息间隔以月为单位计算。当客户号、存折号、货币和交易码输入完毕后，光标移到下一个输入框时，系统自动在窗口的上半部分显示出该客户的详细信息，包括：客户号、凭证号、户名、客户类别、存取方式、状态。

(二) 存本取息取款

(1) 进入普通存本取息（取款）界面：“个人储蓄”→“存本取息”→“存本取息取款”。

(2) 输入网点号、账号后按回车键，在系统提示下刷存折，输入存折号、货币、交易码、金额、密码、ID类别、ID号、存折打印、凭证输入。

(3) 手工输入请参阅普通活期存款手工输入的有关说明。

(4) 检查无误后选择“执行（R）”按钮，在系统提示下操作。

（5）注意事项：当账号、存折号、货币和交易码输入完毕后，光标移到下一个输入框时，系统自动在窗口的上半部分显示出该客户的详细信息，包括：账号、凭证号、户名、业务品种、货币、余额、账户状态、开户方式、起息日、到息日、存期、通存通兑、存取间隔、应付利息。若客户有预留密码，则密码不能为空（由客户输入）。否则密码为空。

（三）存本取息销户

（1）进入普通存本取息（销户）界面："个人储蓄"→"存本取息"→"存本取息销户"。

（2）输入网点号、账号后按回车键，在系统提示下刷存折，输入存折号、货币、交易码、金额、密码、ID 类别、ID 号、存折打印、凭证输入。

（3）手工输入请参阅普通活期存款手工输入的有关说明。

（4）检查无误后选择"执行（R）"按钮，在系统提示下操作。

（5）注意事项：当账号、存折号、货币和交易码输入完毕后，光标移到下一个输入框时，系统自动在窗口的上半部分显示出该客户的详细信息，包括：账号、凭证号、户名、业务品种、货币、余额、账户状态、开户方式、起息日、到息日、存期、通存通兑、存取间隔、应付利息。若客户有预留密码，则密码不能为空（由客户输入）。否则密码为空。

七、通知存款

可选择"个人通知存款"的方式作为大额存款的储蓄形式。个人通知存款是一种不约定存期，支取时需提前通知银行，约定支取日期和金额方能支取的存款。个人通知存款不论实际存期多长，按存款人提前通知的期限长短划分为 1 天通知存款和 7 天通知存款两个品种。1 天通知存款必须提前 1 天通知约定支取存款，7 天通知存款则必须提前 7 天通知约定支取存款。通知存款的币种为人民币。

服务特色是：

（1）资金灵活：适用于拥有大额款项，在短期内需支取该款项，或需分期多次支取，或短期内不确定取款日期的客户。

（2）利率高：通知存款利率收益较活期存款高。

（3）智能理财，省心高效：通知到期日，系统自动将您的一卡通中已办理取款通知的通知存款转入活期主账户，节省时间和提高资金利用率。

（4）大额资金管理的好方式：开户及取款起点较高。开户起存金额5万元；最低支取金额为5万元。

申请办法：

（1）如果是一卡通客户可通过电话银行等自助渠道办理个人通知存款开户手续，也可持一卡通到开户地银行任一网点办理。

（2）如果是开立通知存款存单的客户，需持本人身份证明到银行任一网点办理开户，如代办，需同时出具代办人身份证明。

（一）通知存款开户

（1）进入通知存款（开户）界面："个人储蓄"→"通知存款"→"普通用户通知存款开户"。

（2）输入网点号、客户号、存折号、（存折号）重复、通知期、货币、交易码、金额、印鉴类别、密码、存折打印、通存通兑。

（3）检查无误后选择"执行（R）"按钮，在系统提示下操作。

（4）注意事项：当客户号、存折号、货币和交易码输入完毕后，光标移到下一个输入框时，系统自动在窗口的上半部分显示出该客户的详细信息，包括：客户号、凭证号、户名、客户类别、存取方式、状态。

（二）通知存款部分支取

（1）进入通知存款（部分支取）界面："个人储蓄"→"通知存款"→"普通用户通知存款部分支取"。

（2）输入网点号、账号后按回车键，在系统提示下刷存折，输入存折号、货币、交易码、金额、密码、通知期、ID类别、ID号、存折打印、凭证输入。

（3）手工输入请参阅普通活期存款手工输入的有关说明。

（4）检查无误后选择"执行（R）"按钮，在系统提示下操作。

（5）注意事项：

①通知期由前台录入决定，格式为三位，选择以"1"开头，或者通知期为"0"。

②当账号、存折号、货币和交易码输入完毕后，光标移到下一个输入

框时，系统自动在窗口的上半部分显示出该客户的详细信息，包括：账号、凭证号、户名、业务品种、货币、余额、存取方式、账户状态、开户方式、起息日、到息日、存期、通存通兑。

③取款金额≤账户金额－最低余额－冻结金额。

④若客户有预留密码，则密码不能为空（由客户输入）。否则密码为空。

（三）通知存款销户

（1）进入通知存款（销户）界面："个人储蓄"→"通知存款"→"普通用户通知存款销户"。

（2）输入网点号、账号后按回车键，在系统提示下刷存折，输入存折号、货币、交易码、金额、密码、通知期、ID类别、ID号、存折打印、凭证输入。

（3）手工输入请参阅普通活期存款手工输入的有关说明。

（4）检查无误后选择"执行（R）"按钮，在系统提示下操作。

（5）注意事项：

①当账号、存折号、货币和交易码输入完毕后，光标移到下一个输入框时，系统自动在窗口的上半部分显示出该客户的详细信息，包括：客户号、凭证号、户名、业务品种、货币、余额、存取方式、账户状态、开户方式、起息日、到息日、存期、通存通兑。

②若客户有预留密码，则密码不能为空（由客户输入）。否则密码为空。

（四）一卡通/一本通通知存款开户

（1）进入一本通通知存款（开账户）界面："个人储蓄"→"通知存款"→"一卡通通知存款开户"，凭证类型选择"一卡通"或"一本通"。

（2）输入地区码、客户号后按回车键，在系统提示下刷存折，输入存折号、通知期、货币、交易码、金额、凭证输入、存折打印。

（3）手工输入请参阅普通活期存款手工输入的有关说明。

（4）检查无误后选择"执行（R）"按钮，在系统提示下操作。

（5）注意事项：当客户号、存折号、货币和交易码输入完毕后，光标移到下一个输入框时，系统自动在窗口的上半部分显示出该客户的详细信息，包括：客户号、凭证号、户名、客户类别、存取方式、状态。

（五）一卡通/一本通通知存款支取

（1）进入一本通通知存款（部分提前支取）界面："个人储蓄"→"通知存款"→"一卡通通知存款支取"，凭证类型选择"一卡通"或"一本通"。

（2）输入地区码、客户号后按回车键，在系统提示下刷存折，输入存折号、子户号、货币、交易码、金额、密码、通知期、ID类别、ID号、摘要、存折打印、凭证输入。

（3）手工输入请参阅普通活期存款手工输入的有关说明。

（4）检查无误后选择"执行（R）"按钮，在系统提示下操作。

（5）注意事项：

①当客户号、存折号、子户号、货币和交易码输入完毕后，光标移到下一个输入框时，系统自动在窗口的上半部分显示出该客户的详细信息，包括：账号、凭证号、户名、业务品种、货币、余额、存取方式、账户状态、开户方式、起息日、到息日、存期、通存通兑。

②密码不能为空（由客户输入）。

（六）一卡通/一本通通知存款销户

（1）进入一本通通知存款（销户）界面："个人储蓄"→"通知存款"→"一卡通通知存款销户"，凭证类型选择"一卡通"或"一本通"。

（2）输入地区码、客户号后按回车键，在系统提示下刷存折，输入存折号、子户号、货币、交易码、金额、密码、通知期、ID类别、ID号、存折打印、凭证输入。

（3）手工输入请参阅普通活期存款手工输入的有关说明。

（4）检查无误后选择"执行（R）"按钮，在系统提示下操作。

（5）注意事项：

①当客户号、存折号、子户号、货币和交易码输入完毕后，光标移到下一个输入框时，系统自动在窗口的上半部分显示出该客户的详细信息，包括：账号、凭证号、户名、业务品种、货币、余额、存取方式、账户状态、开户方式、起息日、到息日、存期、通存通兑。

②密码不能为空（由客户输入）。

八、教育储蓄

如果有子女正在接受义务教育（小学四年级或以上），而您需要为其未来的出国留学、本科或研究生学习及其他非义务教育积蓄资金，又或者如果本人正在校学习（小学四年级或以上），而需要为自己未来的出国留学、或接受本科、研究生学习及其他非义务教育积蓄资金，都可以选择“教育储蓄”方式作为您的储蓄存款形式。

教育储蓄是一种城乡居民为其本人或其子女接受非义务教育（指九年义务教育之外的全日制高中、大中专、大学本科、硕士和博士研究生）积蓄资金的一种储蓄存款。

服务特色是：

（1）明确的户名：户名为在校小学四年级（含四年级）以上学生；

（2）免收利息税；

（3）优惠的利率：能提供接受非义务教育的证明，即可支取并享受优惠利率（按同档次整存整取利率）；

（4）存期灵活、轻松积累：零存整取方式逐月存入；

（5）起存金额低：每月约定最低起存金额为人民币 50 元，本金合计最高限额为人民币 2 万元；

（6）存期选择多：您可选择 1 年、3 年、6 年。

（一）普通教育储蓄开户

（1）进入普通教育储蓄开户界面：“个人储蓄”→“教育储蓄”→“普通教育储蓄开户”。

（2）输入客户号、存折号、（存折号）重复、货币、交易码、金额、存期、印鉴类别、密码、通存通兑、存折打印。

（3）检查无误后选择“执行（R）”按钮，在系统提示下操作。

（4）注意事项：

①存期代码的输入请参阅业务通用操作中的详细说明。

②当客户号、存折号、货币和交易码输入完毕后，光标移到下一个输入框时，系统自动在窗口的上半部分显示出该客户的详细信息，包括：客户号、凭证号、户名、客户类别、存取方式、状态、客户地址。

（二）普通教育储蓄存款

（1）进入普通教育储蓄存款界面："个人储蓄"→"教育储蓄"→"普通用户教育储蓄存款"。

（2）若是有折存款，输入账号后按回车键，在系统提示下刷存折，输入存折号、货币、交易码、金额、存折打印（选择"打印"）、凭证输入（选择"刷存折"）。

（3）若是无折存款，则输入账号后，不要按回车键，用上下光标键来移动光标到下一个输入框，输入存折号、货币、交易码、金额、存折打印（选择"不打印"）、凭证输入（选择"手工输入"）。

（4）检查无误后选择"执行（R）"按钮，在系统提示下操作。

（5）注意事项：当客户号、存折号、货币和交易码输入完毕后，光标移到下一个输入框时，系统自动在窗口的上半部分显示出该客户的详细信息，包括：账号、凭证号、户名、业务品种、货币、余额、账户状态、开户方式、起息日、到息日、存期、通存通兑、存取间隔、应付利息、客户地址。

（三）普通教育储蓄销户

（1）进入普通教育储蓄销户界面："个人储蓄"→"教育储蓄"→"普通教育储蓄销户"。

（2）输入账号后按回车键，在系统提示下刷存折，输入存折号、货币、交易码、是否证明、金额、密码、ID 类别、ID 号、存折打印、凭证输入、摘要。

（3）手工输入请参阅普通活期存款手工输入的有关说明。

（4）检查无误后选择"执行（R）"按钮，在系统提示下操作。

（5）注意事项：

①存折号、货币、是否证明和交易码输入完毕后，光标移到下一个输入框时，系统自动在窗口的上半部分显示出该客户的详细信息，包括：账号、凭证号、户名、业务品种、货币、余额、账户状态、开户方式、起息日、到息日、存期、通存通兑、存取间隔、应付利息、客户地址。

②有预留密码，则密码不能为空（由客户输入）。否则密码为空。

（四）一本通/一卡通教育储蓄开户

（1）进入一本通/一卡通教育储蓄开户界面："个人储蓄"→"教育

储蓄”→“一卡通教育储蓄开户”，凭证类型选择“一卡通”或“一本通”。

（2）输入客户号、存折号、（存折号）重复、货币、证交易码、金额、存期、印鉴类别、密码、通存通兑、存折打印。

（3）无误后选择“执行（R）”按钮，在系统提示下操作。

（4）注意事项：当客户号、存折号、货币和交易码输入完毕后，光标移到下一个输入框时，系统自动在窗口的上半部分显示出该客户的详细信息，包括：客户号、凭证号、户名、客户类别、存取方式、状态、客户地址。

（五）一本通/一卡通教育储蓄存款

（1）进入一本通/一卡通教育储蓄存户界面：“个人储蓄”→“教育储蓄”→“一卡通教育储蓄存款”，凭证类型选择“一卡通”或“一本通”。

（2）若是有折存款，输入账号后按回车键，在系统提示下刷存折，输入存折号、货币、交易码、金额、存折打印（选择“打印”）、凭证输入（选择“刷存折”）。

（3）若是无折存款，则输入账号后，不要按回车键，用上下光标键来移动光标到下一个输入框，输入存折号、货币、交易码、金额、存折打印（选择“不打印”）、凭证输入（选择“手工输入”）。

（4）检查无误后选择“执行（R）”按钮，在系统提示下操作。

（5）注意事项：当客户号、存折号、货币和交易码输入完毕后，光标移到下一个输入框时，系统自动在窗口的上半部分显示出该客户的详细信息，包括：账号、凭证号、户名、业务品种、货币、余额、账户状态、开户方式、起息日、到息日、存期、通存通兑、存取间隔、应付利息。

（六）一本通/一卡通教育储蓄销户

（1）进入一本通/一卡通教育储蓄销户界面：“个人储蓄”→“教育储蓄”→“一卡通教育储蓄销户”，凭证类型选择“一卡通”或“一本通”。

（2）输入账号后按回车键，在系统提示下刷存折，输入存折号、货币、交易码、是否证明、金额、密码、ID类别、ID号、存折打印、凭证输入、摘要。

（3）手工输入请参阅普通活期存款手工输入的有关说明。

(4) 检查无误后选择“执行（R）”按钮，在系统提示下操作。

(5) 注意事项：存折号、货币、是否证明和交易码输入完毕后，光标移到下一个输入框时，系统自动在窗口的上半部分显示出该客户的详细信息，包括：账号、凭证号、户名、业务品种、货币、余额、账户状态、开户方式、起息日、到息日、存期、通存通兑、存取间隔、应付利息、客户地址。

九、个人支票

“个人支票”是个人签发的，委托办理支票存款业务的银行，在见票时无条件支付确定的金额给收款人或者持票人的票据。

（一）开户

(1) 在普通支票界面选择“1-开户”按钮，进入普通支票（开账户）界面。

(2) 输入网点号、客户号、货币、交易码、金额、印鉴类别、密码。

(3) 检查无误后选择“执行（R）”按钮，在系统提示下操作。

(4) 注意事项：

①金额必须大于个人支票的开户金额（5000.00 元）。

②印鉴类别必须选择印鉴，此时不会提示输入密码。

③如果提示客户资料中没有身份证号码则应重开客户并输入身份证号码。

④当客户号、货币和交易码输入完毕后，光标移到下一个输入框时，系统自动在窗口的上半部分显示出该客户的详细信息，包括：客户号、凭证号、户名、客户类别、存取方式、状态。

（二）预开户

(1) 在普通支票界面选择“2-预开户”按钮，进入普通支票（预开户）界面。

(2) 输入网点号、客户号、货币、印鉴类别、密码、附件数。

(3) 检查无误后选择“执行（R）”按钮，在系统提示下操作。

(4) 注意事项：

①当客户号输入完毕后，光标移到下一个输入框时，系统自动在窗口

的上半部分显示出该客户的详细信息，包括：客户号、凭证号、户名、客户类别、存取方式、状态。

②印鉴类别必须选择印鉴，此时不会提示输入密码。

③如果提示客户资料中没有身份证号码则应重开客户并输入身份证号码。

④本功能是当客户不存入金额，只是开一个空户时使用。

（三）存款

（1）在普通支票界面选择“3-存款”按钮，进入普通支票（存款）界面。

（2）输入网点号、账号、凭证号、货币、交易码、金额、ID类别、ID号。

（3）检查无误后选择“执行（R）”按钮，在系统提示下操作。

（4）注意事项：

①若是预开户，则第一次存款金额必须大于个人支票的开户金额(5000.00元)。

②当账号、凭证号、货币和交易码输入完毕后，光标移到下一个输入框时，系统自动在窗口的上半部分显示出该客户的详细信息，包括：账号、凭证号、户名、业务品种、货币、余额、存取方式、账户状态、通存通兑。

（四）取款

（1）在普通支票界面选择“4-取款”按钮，进入普通支票（取款）界面。

（2）输入网点号、账号、货币、交易码、金额、支票号码、ID类别、ID号、摘要。

（3）检查无误后选择“执行（R）”按钮，在系统提示下操作。

（4）注意事项：

①金额必须大于个人支票每张最低取款金额（100.00元）。

②账户取款之后的余额不得低于2000.00元。

③支票号码必须输入。

④身份证号码为取款人号码，可以不输入，但必须核对。

⑤当账号、货币、交易码输入完毕后，光标移到下一个输入框时，系统自动在窗口的上半部分显示出该客户的详细信息，包括：账号、凭证

号、户名、业务品种、货币、余额、存取方式、账户状态、通存通兑。

（五）结清

（1）在普通支票界面选择“5-结清”按钮，进入普通支票（结清）界面。

（2）输入网点号、账号、货币、摘要。

（3）检查无误后选择“执行（R）”按钮，在系统提示下操作。

注意事项：当账号、货币输入完毕后，光标移到下一个输入框时，系统自动在窗口的上半部分显示出该客户的详细信息，包括：账号、户名、业务品种、货币、凭证号、存期、存取方式、冻结金额、存取额度、最低余额、起息日、计息、通存通兑、自动转存、状态、余额、可用余额、应收息。支票户销户前，必须先执行结清操作。

（六）销户

（1）在普通支票界面选择“6-销户”按钮，进入普通支票（销户）界面。

（2）输入网点号、账号、支票号、货币、交易码、结算金额、密码、ID 类别、ID 号。

（3）检查无误后选择“执行（R）”按钮，在系统提示下操作。

（4）注意事项：

①结算金额必须等于账户余额。

②支票号码必须输入。

③当账号、支票号、货币和交易码输入完毕后，光标移到下一个输入框时，系统自动在窗口的上半部分显示出该客户的详细信息，包括：账号、凭证号、户名、业务品种、货币、余额、存取方式、账户状态、通存通兑。

十、信用卡业务

信用卡是具有消费信用、存取现金和转账结算等功能的信用支付工具。信用卡是一种贷记卡，先消费再还款。本系统信用卡业务包括信用卡开户、信用卡存现、信用卡取现及信用卡明细查询、信用卡交易查询等。如图 3－3 所示。

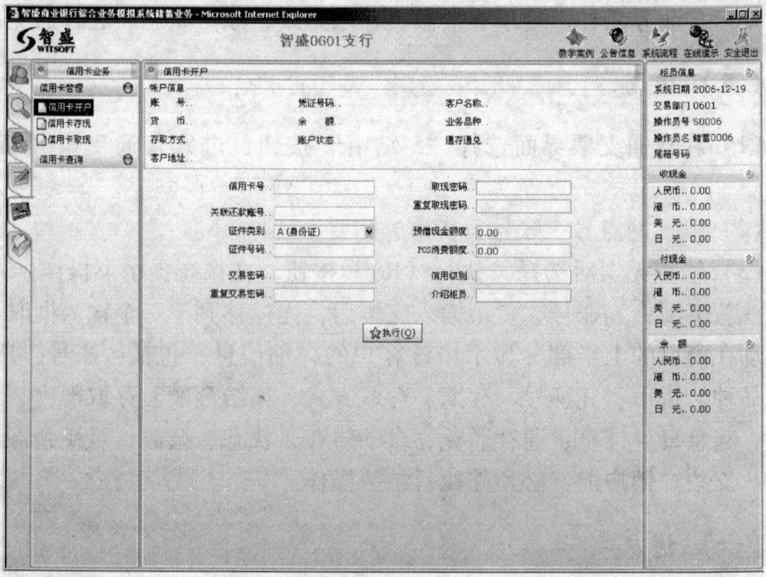

图3-3

注意事项：在信用卡开户前应先开好一个活期储蓄存款账户，用于关联信用卡还款账户。

第二节　通用模块

在商业银行综合业务系统界面中，选择“通用模块”按钮，即进入“通用模块”操作界面。本节包括通用记账、信息维护、账户维护、凭证管理、操作员管理、钱箱管理等六个部分。

一、通用记账

在通用模块界面中，选择“通用记账”按钮，即进入通用模块通用记账操作界面。

（一）表内通用记账

（1）进入表内通用记账界面："通用模块"→"通用记账"→"表内记账"。

（2）左边是套账信息：交易码、币种、摘要；右边是分录信息：账号、账户名称、凭证类别、凭证号、借贷、金额。先输入套账信息，然后输入相应的分录信息。

（3）确认无误后，选择"执行"按钮。

（4）注意事项：

①表内记账是套账，分录至少一借一贷，借贷要平衡。系统会自动判断。不平衡时，不会执行下去。

②表内记账是在系统没有提供相应的业务处理时使用。

（二）表外记账

（1）进入表外通用记账界面："通用模块"→"通用记账"→"表外记账"。

（2）输入账号、收付、币种、金额。

（3）确认无误后，选择"执行"按钮。

二、信息维护

在"通用模块"界面中，选择"信息维护"操作界面。

（一）私人客户维护

（1）进入私人客户维护界面："通用模块"→"信息维护"→"私人客户维护"。

（2）输入需维护的客户号，按回车键。系统将该客户信息显示在屏幕上。包括：客户姓名、客户称谓、ID 类别、ID 号、电话（家）、电话（办公）、传真（FAX）、邮编、地址 1、地址 2、地址 3、国籍、信贷许可、出生日期、工作单位。

（3）将光标移到需要修改的项目输入框上进行修改。

（4）确认无误后，选择"执行"按钮。

（二）表内账户信息维护

（1）进入表内账户信息维护界面："通用模块"→"信息维护"→"表内账户信息维护"。

（2）输入需维护的账号，按回车键。系统将该表内账户信息显示在屏幕上。包括：账户名称、币种、存期、利率类别、通存通兑、自动转存、存取金额、起息日、到期日、余额方向、最低余额、透支额度、借方利率、借方积数、贷方利率、贷方积数、账户状态、计息标志。

（3）将光标移到需要修改的项目输入框上进行修改。

（4）确认无误后，选择"执行"按钮。

（三）表外账户信息维护

（1）进入表外账户信息维护界面："通用模块"→"信息维护"→"表外账户信息维护"。

（2）输入需维护的账号，按回车键。系统将该表外账户信息显示在屏幕上。包括：账户名称、部门、科目、业务代码、币种、联机余额、账户余额、上日余额、上年余额、开户用户、开户日、起息日、销户用户、销户日、账户状态。

（3）将光标移到需要修改的项目输入框上进行修改。

（4）确认无误后，选择"执行"按钮。

三、账户维护

在通用模块界面中，选择"账户维护"按钮，即进入通用模块—账户操作界面。

（一）账户部分冻结

（1）进入账户部分冻结界面："通用模块"→"账户维护"→"账户部分冻结"。

（2）输入地区码、账号、冻结金额、冻结原因、ID 类别、ID 号、摘要。

（3）确认无误后，选择"执行"按钮，在系统的提示下操作。

（4）注意事项：

当账号输入完毕后，光标移到下一个输入框时，系统自动在窗口的上半部分显示出该账号的详细信息，包括：账号、凭证号、户名、业务品种、货币、余额、存取方式、账户状态、冻结金额、起息日、到期日、存期、存取间隔、每次存取金额、冻结原因、冻结日期、冻结用户。

（二）账户部分解冻

（1）进入账户部分解冻界面：“通用模块”→“账户维护”→“账户部分解冻”。

（2）输入地区码、账号、解冻金额、摘要、ID类别、ID号。

（3）确认无误后，选择“执行”按钮，在系统的提示下操作。

（4）注意事项：

当账号输入完毕后，光标移到下一个输入框时，系统自动在窗口的上半部分显示出该账号的详细信息，包括：账号、凭证号、户名、业务品种、货币、余额、存取方式、账户状态、冻结金额、起息日、到期日、存期、存取间隔、每次存取金额、冻结原因、冻结日期、冻结用户。

（三）账户冻结

（1）进入账户冻结界面：“通用模块”→“账户维护”→“账户冻结”。

（2）输入地区码、账号、冻结原因、ID类别、ID号、摘要。

（3）确认无误后，选择“执行”按钮，在系统的提示下操作。

（4）注意事项：

当账号输入完毕后，光标移到下一个输入框时，系统自动在窗口的上半部分显示出该账号的详细信息，包括：账号、凭证号、户名、业务品种、货币、余额、存取方式、账户状态、冻结金额、起息日、到期日、存期、存取间隔、每次存取金额、冻结原因、冻结日期、冻结用户。

（四）账户解冻

（1）进入账户解冻界面：“通用模块”→“账户维护”→“账户解冻”。

（2）输入地区码、账号、摘要、ID类别、ID号。

（3）确认无误后，选择“执行”按钮，在系统的提示下操作。

（4）注意事项：

当账号输入完毕后，光标移到下一个输入框时，系统自动在窗口的上半部分显示出该账号的详细信息，包括：账号、凭证号、户名、业务品种、货币、余额、存取方式、账户状态、冻结金额、起息日、到期日、存期、存取间隔、每次存取金额、冻结原因、冻结日期、冻结用户。

四、凭证管理

在通用模块下选择“凭证管理”按钮，进入操作界面。

（一）凭证领用

（1）进入凭证领用界面：“通用模块”→“凭证管理”→“凭证领用”。

（2）输入凭证种类、开始号码、结束号码。

（3）确认无误后，选择“执行”按钮，在系统的提示下操作。

（4）注意事项：

支票领用张数必须为25的倍数，而且起始号为25的倍数加1，终止号为25的倍数（即支票必须整本领用）。

（二）凭证上缴

（1）进入操作界面：“通用模块”→“凭证管理”→“凭证上缴”。

（2）输入凭证种类、开始号码、结束号码。

（3）确认无误后，选择“执行”按钮，在系统的提示下操作。

（4）注意事项：支票必须整本取消领用。

（三）支票出售

（1）进入支票出售界面：“通用模块”→“凭证管理”→“支票出售”。

（2）输入账号、ID类别、ID号、支票类别、开始号码、结束号码。

（3）确认无误后，选择“执行”按钮，在系统的提示下操作。

（四）取消支票出售

（1）进入取消支票出售界面：“通用模块”→“凭证管理”→“取消支票出售”。

（2）输入账号、ID类别、ID号、支票类别、开始号码、结束号码。

（3）确认无误后，选择“执行”按钮，在系统的提示下操作。

（五）支票挂失

（1）进入支票挂失界面：“通用模块”→“凭证管理”→“支票挂失”。

（2）输入账号、ID 类别、ID 号、支票类别、开始号码、结束号码。

（3）确认无误后，选择“执行”按钮，在系统的提示下操作。

（六）支票解挂

（1）进入取消支票挂失界面：“通用模块”→“凭证管理”→“支票解挂”。

（2）输入账号、ID 类别、ID 号、支票类别、开始号码、结束号码。

（3）确认无误后，选择“执行”按钮，在系统的提示下操作。

（七）支票核销

（1）进入支票核销界面：“通用模块”→“凭证管理”→“支票核销”。

（2）输入账号、ID 类别、ID 号、支票类别、开始号码、结束号码。

（3）确认无误后，选择“执行”按钮，在系统的提示下操作。

（八）取消支票核销

（1）进入取消支票核销界面：“通用模块”→“凭证管理”→“取消支票核销”。

（2）输入账号、ID 类别、ID 号、支票类别、开始号码、结束号码。

（3）确认无误后，选择“执行”按钮，在系统的提示下操作。

五、操作员管理

在通用模块界面选择“操作员管理”按钮，进入操作员管理界面。

（一）操作员密码修改

（1）进入操作员密码修改界面：“通用模块”→“操作员管理”→“操作员密码修改”。

（2）输入操作员、卡号、旧密码、新密码、新密码重复。

（3）检查无误后选择“执行”按钮，在系统提示下操作。

（4）注意事项：操作员密码不能为空。

（二）操作员密码挂失

（1）进入操作员密码挂失界面：“通用模块”→“操作员管理”→“操作员密码挂失”。

（2）输入操作员、摘要。

（3）检查无误后选择“执行”按钮，在系统提示下操作。

（4）注意事项：操作员不能对自己进行密码挂失操作。

六、钱箱管理

在通用模块界面中，选择“钱箱管理”按钮，即进入“通用模块—钱箱管理”界面。

（一）重要空白凭证出库

（1）进入现金有价凭证出库界面：“通用模块”→“钱箱管理”→“重要空白凭证出库”。

（2）输入出库种类、货币、金额。

（3）确认无误后，选择“确定”按钮，在系统的提示下操作。

（二）重要空白凭证入库

（1）进入现金有价凭证入库界面：“通用模块”→“钱箱管理”→“重要空白凭证入库”。

（2）输入入库种类、货币、金额。

（3）确认无误后，选择“确定”按钮，在系统的提示下操作。

（三）重要空白凭证调配

（1）进入现金有价凭证调配界面：“通用模块”→“钱箱管理”→“重要空白凭证调配”。

（2）输入调出种类、货币、金额、对方钱箱。

（3）确认无误后，选择“确定”按钮，在系统的提示下操作。

（四）重要空白凭证查询

（1）进入现金有价凭证查询界面："通用模块"→"钱箱管理"→"重要空白凭证查询"。

（2）输入查询种类后，按回车键提交系统处理。

（五）尾箱轧账

（1）进入现金有价凭证轧账界面："通用模块"→"钱箱管理"→"尾箱轧账"。

（2）按回车键后，系统即进行处理。

（3）若需将处理后的结果打印出来，选择"打印"按钮，在系统的提示下操作。

（六）增加尾箱

（1）进入增加尾箱界面："通用模块"→"钱箱管理"→"增加尾箱"。

（2）输入尾箱号、尾箱名称。

（3）确认无误后，选择"确定"按钮，在系统的提示下操作。

第三节　代理业务

在商业银行业务系统界面中，选择"代理业务"按钮，即进入代理业务操作界面。包括合同录入、合同维护、录入批量、批量维护、增加批量明细、批量明细维护、代理客户录入、代理客户维护、逐笔代收、逐笔代收（无代理清单）等十个部分。

一、合同录入

（1）在代理业务操作界面下选择"合同录入"按钮，进入合同录入界面。

（2）输入网点号、代理类别、代理收付账号、货币、客户名称、备注。

（3）检查无误后选择“执行（R）”按钮，在系统提示下操作。

（4）注意事项：当网点号、代理类别和代理收付账号输入完毕后，光标移到下一个输入框时，系统自动在窗口的上半部分显示出该账户的详细信息，包括：账号、户名、业务品种、货币、凭证号、存期、存取方式、冻结金额、存取额度、最低余额、起息日、计息、通存通兑、自动转存、状态、余额、可用余额、应收利息。

二、合同维护

（1）在代理业务操作界面下选择“合同维护”按钮，进入合同查询维护界面。

（2）输入查询的条件可以是以下内容的任意组成：录入起始日期、录入结束日期、代理类别、合同部门。

（3）确认无误后，将光标移至最后一个输入框处，按回车键提交系统进行处理。

（4）系统将满足查询条件的记录显示在屏幕上，通过小键盘上的上下光标键选择要维护的记录。若要删除该合同信息，按删除键即可；若要修改该合同信息，按回车键，系统将该代理合同的信息显示在屏幕上，包括：代理合同号、代理类别、代理收付账号、货币种类。

（5）将光标移到需要修改的项目输入框上进行修改。

（6）确认无误后，选择“执行（R）”按钮。

（7）注意事项：代理合同号不可以修改。

三、录入批量

（1）在代理业务操作界面下选择“录入批量”按钮，进入录入批量界面。

（2）输入网点号、代理合同号、总笔数、总金额、批量明细来源、来源批量号、来源文件名、备注。

（3）检查无误后选择“执行（R）”按钮，在系统提示下操作。

注意事项：当网点号、代理号输入完毕后，光标移到下一个输入框时，系统自动在窗口的上半部分显示出该代理合同的详细信息，包括：合同号、代理类别、币种、代理账号、客户名称。

四、批量维护

（1）在代理业务操作界面下选择“批量维护”按钮，进入批量查询维护界面。

（2）输入待查询的合同号。

（3）确认无误后，按回车键提交系统进行处理。

（4）系统将该合同所有的批量信息显示在屏幕上，通过上下光标键选择要维护的批量。若要删除该批量信息，按删除键即可；若要修改该批量信息，按回车键。系统将该批量的信息显示在屏幕上，包括：代理合同号、批量号、总笔数、总金额、备注。

（5）将光标移到需要修改的项目输入框上进行修改。

（6）确认无误后，选择“执行（R）”按钮。

（7）注意事项：代理合同号、批量号不可以修改。

五、增加批量明细

（1）在代理业务操作界面下选择“增加批量明细”按钮，进入增加批量明细界面。

（2）输入网点号、代理合同号、批量号、涉及对象账号、涉及对象标识、涉及金额、备注。

（3）检查无误后选择“执行（R）”按钮，在系统提示下操作。

六、批量明细维护

（1）在代理业务操作界面下选择“批量明细维护”按钮，进入批量明细查询维护界面。

（2）输入查询的条件可以是以下内容的任意组成：合同号、批量号。

（3）确认无误后，将光标移至最后一个输入框处，按回车键提交系统进行处理。

(4) 系统将满足查询条件的批量信息显示在屏幕上，通过小键盘上的上下光标键选择要维护的明细交易信息。若要删除该明细交易信息，按删除键即可；若要修改该明细交易信息，按回车键。系统将该明细交易信息显示在屏幕上，包括：网点号、批量号、明细序号、涉及对象账号、涉及对象标识、涉及金额、备注。

(5) 将光标移到需要修改的项目输入框上进行修改。

(6) 确认无误后，选择“执行（R）”按钮。

(7) 注意事项：网点号、批量号、明细序号不可以修改。

七、代理客户录入

(1) 在代理业务操作界面下选择“代理客户录入”按钮，进入代理客户录入界面。

(2) 输入网点号、代理合同号、客户账号、备注。

(3) 检查无误后选择“执行（R）”按钮，在系统提示下操作。

八、代理客户维护

(1) 在代理业务操作界面下选择“代理客户维护”按钮，进入代理客户查询维护界面。

(2) 输入查询的条件可以是以下内容的任意组成：代理网点、代理合同号、代理客户号、代理客户名称、生效日期、失效日期。

(3) 确认无误后，将光标移至最后一个输入框处，按回车键提交系统进行处理。

(4) 系统将满足查询条件的记录显示在屏幕上，通过小键盘上的上下光标键选择要维护的记录。若要使该代理客户信息失效，按删除键即可；若要修改该代理客户信息，按回车键。系统将该代理客户的信息显示在屏幕上，包括：代理合同号、代理客户账号。

(5) 修改相应的代理客户账号。

(6) 确认无误后，选择“执行（R）”按钮。

(7) 注意事项：

①代理合同号不可以修改。

②若要修改代理合同号，则需先使该代理客户信息失效，然后增加新的代理客户信息。

九、逐笔代收

（1）在代理业务操作界面下选择“逐笔代收”按钮，进入逐笔代收界面。

（2）输入网点号、代理合同号、批量号、收款类别、对象标识、收款方式、货币、现金分析码、收款金额、收费分析码、金额摘要、转出账户（若转账代收时，需要输入）。

（3）检查无误后选择“执行（R）”按钮，在系统提示下操作。

注意事项：当网点号、代理合同号、批量号输入完毕后，光标移到下一个输入框时，系统自动在窗口的上半部分显示出该批量的详细信息，包括：账号、账户名称、币种、金额、对象标识。

十、逐笔代收（无代理清单）

（1）在代理业务操作界面下选择“逐笔代收（无代理清单）”按钮，进入逐笔代收（无代理清单）界面。

（2）输入网点号、代理合同号、对象标识、收款方式、货币、现金分析码、收款金额、收费分析码、金额摘要、转出账户（若转账代收时，需要输入）。

（3）检查无误后选择“执行（R）”按钮，在系统提示下操作。

第四节　一般查询

一、客户查询

在一般查询界面下选择“客户查询”按钮，进入客户查询界面。

（一）客户综合查询

（1）在客户查询界面下选择“客户综合查询”按钮，进入客户综合查询界面。

（2）输入查询的条件可以是以下内容的任意组成：客户名称、证件类型、证件号码、开户起始日、开户结束日、起始客户号。

（3）确认无误后，将光标移至最后一个输入框处，按回车键提交系统进行处理。

（二）私人客户查询

（1）在客户查询界面下选择“私人客户查询”按钮，进入私人客户明细查询界面。

（2）输入待查询的客户号。

（3）确认无误后，按回车键提交系统进行处理。

二、账户查询

在一般查询界面下选择“账户查询”按钮，进入“账户查询”界面。

（一）表内账户综合查询

（1）在账户查询界面下选择“表内账户综合查询”按钮，进入表内账户综合查询界面。

（2）输入查询的条件可以是以下内容的任意组成：起始账号、开户起始日、开户结束日。

（3）确认无误后，将光标移至最后一个输入框处，按回车键提交系统进行处理。

（二）表内账户明细查询

（1）在账户查询界面下选择“表内账户明细查询”按钮，进入表内账户明细查询界面。

（2）输入待查询的账号。

（3）确认无误后，按回车键提交系统进行处理。

（三）表外账户明细查询

（1）在账户查询界面下选择“表外账户明细查询”按钮，进入表外账户明细查询界面。

（2）输入待查询的账号。

（3）确认无误后，按回车键提交系统进行处理。

（四）表外账户综合查询

（1）在账户查询界面下选择“表外账户综合查询”按钮，进入表外账户综合查询界面。

（2）输入查询的条件可以是以下内容的任意组成：起始账号、开户起始日、开户结束日。

（3）确认无误后，将光标移至最后一个输入框处，按回车键提交系统进行处理。

三、凭证查询

在一般查询界面下选择“凭证查询”按钮，进入凭证查询界面。

（一）凭证综合查询

（1）在凭证查询界面下选择“凭证综合查询”按钮，进入凭证综合查询界面。

（2）输入查询的条件可以是以下内容的任意组成：客户号、凭证类别、起始凭证号、起始日期、终止日期。

（3）确认无误后，将光标移至最后一个输入框处，按回车键提交系统进行处理。

（二）支票库存查询

（1）在“凭证查询”界面下选择“支票库存查询”按钮，进入支票库存查询界面。

（2）输入待查询的部门号。

（3）确认无误后，按回车键提交系统进行处理。

（三）支票查询（支票号）

（1）在凭证查询界面下选择“支票查询（支票号）”按钮，进入支票查询（支票号）界面。

（2）输入待查询的支票号。

（3）确认无误后，按回车键提交系统进行处理。

（四）支票查询（账号）

（1）在凭证查询界面下选择“支票查询（账号）”按钮，进入支票查询（账号）界面。

（2）输入待查询的账号。

（3）确认无误后，按回车键提交系统进行处理。

四、交易信息查询

在一般查询界面下选择“交易信息查询”按钮，进入交易信息查询界面。

（一）交易综合查询

（1）在交易信息查询界面下选择“交易综合查询”按钮，进入交易综合查询界面。

（2）输入查询的条件可以是以下内容的任意组成：交易日期、交易种类、交易客户、账号后缀、交易用户、交易金额、起始流水号、终止流水号。

（3）确认无误后，将光标移至最后一个输入框处，按回车键提交系统进行处理。

（二）交易账务查询

（1）在交易信息查询界面下选择“交易账务查询”按钮，进入交易账务查询界面。

（2）输入查询的条件可以是以下内容的任意组成：账务日期、交易流水号、客户号、账号后缀、科目号、交易码、经办用户、交易部门。

（3）确认无误后，将光标移至最后一个输入框处，按回车键提交系统进行处理。

（三）账户账务查询

（1）在一般查询界面下选择“账户账务查询”按钮，进入查询界面。

（2）输入待查询的账户及起始日期。

（3）确认无误后，按回车键提交系统进行处理。

（四）开销户查询

（1）在一般查询界面下选择“开销户查询”按钮，进入开销户查询界面。

（2）输入查询的条件可以是以下内容的任意组成：查询类别、客户号、账号后缀、起始日期、终止日期。

（3）确认无误后，将光标移至最后一个输入框处，按回车键提交系统进行处理。

（五）表外账务查询

（1）在一般查询界面下选择“表外账务查询”按钮，进入查询界面。

（2）输入查询的条件可以是以下内容的任意组成：查询日期、经办用户、科目号、账户。

（3）确认无误后，将光标移至最后一个输入框处，按回车键提交系统进行处理。

（六）总账查询

（1）在一般查询界面下选择“总账查询”按钮，进入查询界面。

（2）输入查询的条件可以是以下内容的任意组成：账务日期、币种、起始科目、结束科目。

（3）确认无误后，将光标移至最后一个输入框处，按回车键提交系统进行处理。

第四章

对公会计业务

本章学习提要

教学重点是：开立单位客户号；掌握领取各种业务凭证的方法、对公会计业务的行业处理规范；熟悉对公会计业务操作流程、掌握对公会计业务凭证管理、对公会计存贷业务、个人消费贷款业务操作、对公辖内结算业务、对公同城结算业务、通过客户号或账号进行业务查询的方法；查询日终处理后生成的各种业务报表。

课时安排：讲解 4 个课时，实验操作 20 个课时。

第一节　基本业务说明

一、存款业务说明

存款业务主要包括开户、存取款业务、结清销户等。

（一）新开账户

新系统的开户业务分为三个步骤：新开客户、预开存款账户、存款账户激活。

为了便于系统、准确地管理客户信息，新系统引进了客户号的概念。单位或个人在新开对公账户前必须先开客户，并且这个客户号是全行唯一的。在新开客户时系统自动检索相关信息，企事业单位检索的依据是单位全称，个人户检索的依据是身份证号码。如果检索到信息，则自动显示原有客户号，并拒绝继续新开客户。否则系统根据输入的信息登记新开客户登记簿，本业务不涉及账务处理。在新开客户时输入的检索信息不允许修改，若发现错误只能退出重新开立。

理论上一个客户可在每个对公存款科目下开设100个账户，但只能开立一个基本账户。系统根据客户的账户类别开立相应的存款账户，自动生成交换用对公存款账号（屏幕显示）和系统内存款账号（系统内隐含）。由于账户还没有开户金，此时账户状态属于预开户，预登记开户登记簿。预开户并不计入当天的开户数及总户数。目前定期账户暂时封闭自动转存功能，所有活期账户缺省为通存通兑。本业务不涉及账务处理。

该账户的首次存款（包括现金、转账或辖内通存）作为新开户金存款，进行账户激活处理，同时修改开销户登记簿，账户状态为正常。

定期存款如果以转账方式存入开户金，转出账户必须为本所的一般存款或临时存款账户。

定期（通知存款）开户存款的会计分录为：

借：201 本所转出账户或 101

　　贷：205 或 202

（二）存取款业务

存取款业务包括：一般活期及临时账户存款、取款、定期及通知存款的部分提前支取。定期和通知存款部分提前支取的转入账号必须为本所一般存款或临时存款账户。

现金存款的会计分录：

借：101

　　贷：201 活期存款

现金取款的会计分录：

借：201 活期

　　贷：101

本所账户间转账的会计分录：

借：201 本所转出账号

　　贷：201 本所转入账号

定期（通知存款）账户部分支取的会计分录：

借：205 或 202

13903 利息支出

贷：201 活期转入账号

（三）销户

销户分两个步骤：结清、销户。

1. 对公一般活期存款账户结清

实现对公一般活期存款账户销户前的结清，存款自动结息并与存款账户间进行结转。

只有计息科目下的账户才需要做结清处理；

如果有尚未复核的业务不允许结清；

如果有尚未归还的贷款或应收利息，不允许结清。

活期结清的会计分录为：

借：13903 利息支出

贷：2××活期存款

2. 一般活期存款、临时存款账户销户

实现一般活期存款（包括协定存款）、临时存款的销户处理，销户时不涉及账务处理。

检查账户是否余额为0。

检查账户状态是否为结清和预开户（临时存款无结清状态）。

如果是支票户，核销账户下所有尚未使用的支票。

找出最后一笔取款交易，作为销户金额。

打印对账单。

无会计分录。

3. 定期存款、通知存款销户转账

实现对公定期存款、通知存款销户转账业务，若要提取现金，可以先转账到一般活期或临时存款账户，再做提现处理，转入账户必须为活期存款或临时存款账户。遇节假日，手工选择节假日，电脑按定期利率计算利息。

检查单位定期开户证实书和定期账户的对应关系。

登记开销户登记簿。

会计分录：

借：205 本所转出账户

贷：2××本所转入活期账户

借：13903 利息支出

贷：2××本所转入活期账户

二、贷款系统说明

新系统中把企业一般贷款和个人消费贷款分开管理，此处只介绍企业一般贷款，个人消费贷款将在后面介绍。

客户申请贷款时必须有一个唯一的存款账户与之相对应，同时为确保贷款业务的安全性，系统不支持现金放贷、现金还贷、现金收息之类交易，在通用记账窗口中也不允许发生与贷款及应收利息科目相关的账务处理。

本系统将借据、抵押品、抵债资产、不良贷款、贴现、汇票等均列入贷款管理的范围之内，同时支持贷款户的提前部分或全部还款、单笔、拆笔收息，自动生成欠息登记簿。

（一）贷款借据管理

1. 借据的录入

借据录入是在贷款发放前根据信贷部门提供的贷款借据，录入基本要素信息，作为贷款业务的起点，也是贷款业务中最关键的一步。本系统对所有的贷款业务均进行借据管理，包括一些特殊的贷款：贴现和借新还旧业务。

新系统支持贷款业务的跨网点处理，即存款账户和贷款账户可以不在同一个网点，主要是通过借据号联动的，所以贷款借据号要严格按照统一格式编排：历史数据在移植时自动生成，新借据号、贷款合同号由信贷管理系统生成。系统中对贷款利率也是严格按档次进行管理的，贷款利率、贷款类别和还款日期是相对应的，输入利率后系统自动检查贷款的利率和贷款期限之间是否相互的对应。

贴现业务作为一项特殊的贷款业务也需录入借据信息，特别提出的是要输入贴现补充天数，补充天数就是票据到期后，款项自付款行付款后至到达收款行的在途时间，一般情况下外地票据的补充天数为3天，本地票据为0。

借新还旧贷款要在贷款用途一项中选择“借新还旧”，系统会作相应的处理。

2. 贷款借据维护

(1) 此处只能修改维护企业贷款的借据。

(2) 只有未发放的贷款借据才允许修改借据信息，借据信息中除借据号之外所有的项目均可修改。贷款利率必须和贷款期限相对应。

(3) 借据信息只能由原录入人员进行修改。

(4) 如果借据已过录入日期，则该借据自动失效，不允许再做维护。

3. 贷款利率表

表 4-1　　贷款利率表　　单位：%

贷款种类		基础利率	上浮 10%	上浮 20%	上浮 30%
短期贷款	六个月以内（含六个月）	5.58	6.138	6.696	7.254
	六个月至一年（含一年）	5.58	6.435	7.020	7.605
中长期贷款	一年至三年（含三年）	5.94	6.534	7.128	7.722
	三年至五年（含五年）	6.03	6.633	7.236	7.839
	五年以上	6.21	6.831	7.452	8.073

(二) 贷款的发放

(1) 贷款必须在录入借据的当天发放，如果当天贷款未发放，该借据自动作废，必须重新填写借据。但系统中仍保留该笔借据记录。

(2) 在录入借据的当天根据贷款借据发放贷款，系统自动检查存款账户是否能做存款交易，并根据存款账号找到客户号，自动生成贷款账号，并将贷款转入一般活期存款户，建立存贷款的对应关系。如果存款账户为预开户则激活账户，同时根据贷款金额登记开销户登记簿。

(3) 如果是跨网点的放贷，系统通过 416 实现贷款网点和存款网点之间的资金往来。

(4) 发放一般贷款的会计分录如下：

借：1××贷款账户

　　贷：201 存款账户

(5) 如果涉及跨网点放贷，416 的传票由电脑打印，201 的贷方凭证为“辖内贷方补充报单”。

（三）贷款结息

为提高收息处理的规范化，系统以存款账户为基础，对应收利息分表内表外分别建一个账户进行核算。不足扣息的根据制度规定在表内、外核算，并建立欠息明细登记簿，登记簿的要素如下：贷款账号、计息期间、计息积数、利率、利息、表内外标志、销账标志、销账日期。欠息明细登记簿应和应收利息账户的余额总分相符。

收息时打印利息清单，在贷款收息传票打印模块中打印。经信贷部门批准，可以控制对指定的贷款不收息，若是委托贷款，收息时由贷款人存款账号直接转入委托人存款账户，若当期未付利息，不做任何账务处理，仅在委托贷款登记簿中记录。

不允许贷款手工停息，贷款利率的调整需由专门人员签字决定。中长期贷款的利率根据人民银行的有关规定每年 1 月 1 日自动调整，分段计息。

1. 单个账户自动收息

本系统支持自动收取贷款账户所对应的存款账户的表内和表外应收未收利息。

（1）收息原则如下：

①收息时只能以整笔为最小单位。

②收息次序：先表内、后表外、按账龄、按金额。

③收息方式：单户收息。

（2）根据需要随时可以查询欠本欠息表，便于信贷人员及时追讨欠款。

2. 单笔和拆笔收息

系统不支持单笔和拆笔收息的自动处理，要作单笔或拆笔收息时需在专门界面输入有关要素手工处理。拆笔收息需要指定明细序号（在欠息表中每一笔欠息都有一个明细序号）。

3. 会计分录

（1）非跨网点收息：

表内应收利息：

借：201 存款账户

　　贷：133 应收利息

表外应收利息：

借：201 活期存款

　　贷：501 利息收入

付：705 表外应收利息

若是委托贷款：

借：201 贷款人存款账户

　　贷：201 委托人存款账户

（2）若跨网点收息：

表内应收利息：

借：201 存款账户

　　贷：416 辖内往来——他所汇差账户

借：416 辖内往来——本所汇差账户

　　贷：133 应收利息

表外应收利息：

借：201 活期存款

　　贷：416 辖内往来——他所汇差账户

借：416 辖内往来——本所汇差账户

　　贷：501 利息收入

付：705 表外应收利息

（四）贷款本金偿还

本系统中对贷款本金的偿还采取两种形式：部分偿还和全部偿还。

1. 部分还贷

（1）实现贷款本金的部分偿还，还贷只冲减贷款本金，不收取当期利息，本功能不对应收利息进行处理，根据需要可以先执行自动收息。本功能也不实现违约金的收取，若收取违约金，视作营业外收入在通用记账模块手工记账。在支行范围内允许跨网点收贷，不能跨支行操作。

（2）申请部分还贷的贷款账户不允许有欠息，即必须先把以前拖欠的利息（包括表内和表外）还清，才能偿还本金。

（3）如该贷款有“特殊还贷”许可的，允许有欠息时还贷，“特殊还贷”由支行审批。如使用支票，需要检查并核销该支票。

（4）部分还贷的会计分录：

借：201 扣款账户

　　贷：1××贷款账户

若跨网点收贷：

借：201 扣款账户

　　贷：416 辖内往来——他所汇差账户

借：416 辖内往来——本所汇差账户

贷：1××贷款账户

（5）如涉及跨网点操作，电脑打印416科目的凭证，201的凭证使用“辖内借方补充报单”。

2. 全部还贷

（1）实现贷款全部还贷处理，处理贷款本金和利息的扣收，利随本清。打印转账传票和计息传票。

（2）系统自动检查该存款账户是否有对应未结清的表内表外应收利息账户。若该贷款账户有应收利息，须先执行自动收息（系统自动处理）。本功能不对应收利息进行处理，也不实现对违约金的收取，若收取违约金，在通用记账模块中手工记账解决。

（3）若是委托贷款，且在委托贷款到期日贷款人未将委托贷款还清，在到期日营业终了时，若贷款人存款账户不足，就从委托人委托存款账户中扣还所余贷款，委托存款扣还完贷款后的余额由手工转至委托人指定的存款账户中。

（4）若是抵、质押贷款，要有相应的抵、质押品登记记录，全部还贷后系统联动处理该抵质押品，自动注销该笔抵质押品记录。

（5）全部还贷的会计分录：

借：201 扣款账户或40601（委托存款账号）

贷：1××贷款账户

贷：501 利息收入账户

若是跨网点收贷：

借：201 扣款账户

贷：416 辖内往来——他所汇差账户

借：416 辖内往来——本所汇差账户

贷：1××贷款账户

贷：501 利息收入账户

若有抵、质押品，付出表外704抵质押品核算科目。

（6）如涉及跨网点操作，电脑打印416科目的凭证，201的凭证使用“辖内借方补充报单”。本期利息的计息清单（含回单）由电脑打印。

（五）贷款到期处理

1. 贷款展期

不能按期归还贷款的借款人应当在贷款到期日之前，向银行申请贷款展期，说明理由、金额、期限。短期贷款展期期限累计不得超过原贷款期限；中长期贷款展期期限累计不得超过 3 年。

系统中有专门的贷款展期模块实现贷款展期功能，系统在贷款到期日，自动调整贷款的到期日和贷款利率，贷款的展期期限加上原期限达到新的利率档次期限，从展期之日起，按新的期限档次利率计收利息，如利率调整，做分段计息处理。展期的审批流程由信贷部门管理。

申请贷款展期的贷款账户性质必须是正常贷款，展期操作只能作一次且只能在贷款到期日前一个月内处理。

2. 不良贷款结转

不良贷款系指呆账贷款、呆滞贷款、逾期贷款。

呆账贷款，指按财政部有关规定列为呆账的贷款。

呆滞贷款，指按财政部有关规定，逾期（含展期后到期）超过规定年限以上仍未归还的贷款，或虽未逾期或逾期不满规定年限但生产经营已终止，项目已停建的贷款（不含呆账贷款）。

逾期贷款是指借款合同约定到期（含展期后到期）未归还的贷款（不含呆滞贷款和呆账贷款）。

（1）贷款转逾期。

①在到期日仍未还清，且没有办理展期手续的贷款系统自动转为逾期贷款（转科目），逾期贷款账号由系统自动生成。逾期利率按人民银行利率政策统一执行，罚息由手工处理。

②贷款转逾期时按贷款类别自动结转，自到期日起第二天的积数视为逾期积数，遇节假日顺延。

③贷款转逾期后，不允许再转回正常贷款。

（2）贷款转呆滞、呆账贷款。

①贷款逾期达 1 年时，系统自动将该笔贷款转为呆滞贷款，逾期 1 年以内的贷款可以手工提前转为呆滞贷款。逾期贷款转呆账贷款要由手工处理，系统不支持自动处理功能。

②贷款转为呆滞、呆账贷款，系统自动新开相应的贷款账户，并和原贷款账户结转。

③但结转的贷款科目不能大于结转后的贷款科目，利率根据当日挂牌利率确定。

④结转不良贷款的会计分录为：

借：130 逾期贷款户（账号由系统产生，包括呆滞、呆账）

　　贷：（红字）贷款账户（输入账号，包括逾期、呆滞）

（六）呆坏账核销

1. 呆账核销

（1）对于贷款呆账，在有关批准核销处理手续齐备的情况下，可以对其进行核销即完成贷款和呆账准备金之间对转的业务处理。呆账核销收回，记贷方蓝字。

（2）账户必须是呆账贷款，呆账准备金不能透支，呆账准备金账户开设在支行，可以通存通兑。

（3）呆账核销的会计分录：

借：131 呆账准备（呆账准备金户不允许透支）

　　贷：130 逾期贷款——呆账贷款账户

2. 坏账核销

（1）在有关批准核销处理手续齐备的情况下，可以对坏账进行核销即完成一笔贷款表内应收利息和坏账准备金之间的对转的业务处理。利息按整笔核销。

（2）坏账准备金账户开设在支行，可以通存通兑。

（3）系统自动检查存款账号和欠息序号的对应关系。

会计分录：

借：134 坏账准备

　　贷：13301 贷款应收利息

（七）抵债资产处理

用于收偿抵、质押资产的处理，在有关审批手续齐备的情况下，操作员输入贷款账号及作价金额，系统自动进行该贷款账户的本金、表内外应收利息和 14901 待处理抵债资产的对转，增加与 14901 有联系的抵贷品清单登记簿。

会计分录：

（1）当抵债资产作价大于贷款本息合计时，作如下分录：

借：14901 待处理抵债资产

　　贷：贷款账户

　　贷：133 应收利息

　　贷：501 利息收入（表外应收利息）

　　贷：262 应付账户

付：705 表外应收利息

（2）当贷款本金 < 抵债资产作价 < 贷款本金和表内利息合计时，作如下分录：

借：14901 待处理抵债资产

　　贷：贷款账户

　　贷：133 应收利息

　　贷：（红字）501 利息收入

　　贷：133 应收利息

付：705 表外应收利息

（3）当贷款本金和表内利息合计 < 抵债资产作价 < 贷款本金和表内表外利息合计时，作如下分录：

借：14901 待处理抵债资产

　　贷：贷款账户

　　贷：133 应收利息

　　贷：501 利息收入（表外应收利息的一部分）

付：705 表外应收利息

（4）当抵债资产作价 < 贷款本金时，作如下分录：

借：14901 待处理抵债资产

　　贷：贷款账户

借：（红字）贷款账户

借：呆账贷款

　　贷：（红字）501 利息收入

　　贷：133 应收利息

付：705 表外应收利息

三、个人消费贷款说明

个人消费贷款是跨对公和储蓄的联动业务，每笔合同对应一个储蓄活期存款账户，贷款账户和储蓄账户可以设在同一网点也可以跨网点。到结息日，系统自动计息，自动扣收本金和利息，自动统计欠款账户。每日系统自动扫描欠款欠息表，如若该储蓄存款账户有足够金额，则自动计收欠款。

（一）个人消费信贷的借据管理

1. 借据录入

（1）根据信贷部门下发的借据录入相应数据。

（2）发放贷款日期必须与借据日期一致，若借据录入当日贷款未发放则借据自动作废，需重新填写借据重新录入。

（3）借据号由手工录入，按照统一格式编排：借据号 = 原贷款合同号 +2 位顺序号，贷款合同号的编码方式为：4 位年号 +2 位行号 +2 位贷款类别 +5 位顺序号，同一个贷款合同下有多笔借据的依时间先后进行排序，从 01 开始。

（4）贷款利率在系统内部是分档次管理的，利率和贷款期限之间是一一对应关系。手工录入利率后，系统自动进行校验并给予提示。

（5）借据录入时一定要准确地录入还款方式和担保方式，系统根据还款方式自动计算每期应还款金额。

（6）如果是无息贷款（即贷款利息由经销商偿还）的要在利息偿还方式一栏中选择"第三者偿还"，并输入"收息账号"即经销商的结算账号。

（7）无会计分录。

2. 借据维护

贷款借据只能在当天贷款发放以前进行修改，除借据号之外的所有项目均可修改。

必须是由原录入人员进行修改。

贷款发放以后不允许修改借据信息。

无会计分录。

（二）个人消费贷款发放及委托付款

（1）根据贷款借据发放贷款，发放的贷款通过业务周转金直接转入相应的储蓄账户，并从该储蓄账户转入经销商的结算账户。

（2）如果为跨网点的放贷，系统通过 416 通存通兑分户实现贷款网点和存款网点的资金往来。

（3）如果存款账户为预开户，则贷款作为开户金存入，激活账户并登记开销户登记簿。

（4）系统根据储蓄存款账号找到客户号，自动生成个人消费贷款的贷款账号。同时建立起存、贷款的对应关系。

（5）储蓄部分和 407 科目的传票由电脑统一打印。

（6）会计分录如下：

①贷款发放时：

会计部分：

借：122 个人消费贷款

　　贷：40702 业务周转金

储蓄部分：

借：40702 业务周转金

　　贷：21101——贷款申请人

②向经销商付款时：

会计部分：

借：40702 业务周转金

　　贷：201——收款人（经销商）

储蓄部分：

借：211 付款人（个人消费贷款申请人）

　　贷：40702 业务周转金

（三）个人消费贷款扣款

（1）对个人消费贷款账户，系统实现了自动计息、自动扣款、定期自动扫描欠款欠息表。基本遵循以下扣款原则：

①在每月（季）的固定日期，自动扣款扣息；

②只扣收当月的本金利息；

③支持对以前欠款的单笔收取，每日自动检查欠息表；

④自动计算逾期利息。

（2）系统定期打印欠息欠本登记簿、已归还本息登记簿和累计 3 个月欠息欠本清单。

（3）扣款当天由电脑自动打印记账凭证。

（4）会计分录：

①定期扣款，账户有足够余额：

会计部分：

借：40702 业务周转金

　　贷：122 月供的本金部分

　　贷：262 月供的利息部分

储蓄部分：

借：211 月供数

　　贷：40702 业务周转金

②定期扣款，账户无足够余额：

会计部分：

借：13301 应收未收利息

贷：262 月供的利息部分

③单个账户自动扣款时储蓄账户有足额本金和利息时：

会计部分：

借：40702 业务周转金

贷：122 月供的本金部分

贷：13301 月供的利息部分

借：416 辖内往来——通存通兑逾期利息

贷：262

储蓄部分：

借：211 月供数

借：211 逾期利息

贷：416 辖内往来——通存通兑

（四）个人消费贷款的偿还

1. 提前部分偿还

（1）系统支持个人消费贷款的部分提前贷款。

（2）提前部分还款采取利随本清的方式，在还款的同时系统自动计算相应利息并结转到对应的储蓄账号中。提前部分还款需要交纳一定的"赔偿金"，"赔偿金"作为营业外收入直接在"通用计账"界面中计录。

（3）会计分录

会计部分：

借：416 辖内往来——通存通兑

贷：122 个人消费贷款账户

贷：262

储蓄部分：

借：211 付款人

贷：416 辖内往来——通存通兑

2. 提前全部还款

（1）系统支持个人消费贷款的全部提前还款。

（2）提前全部还款采取利随本清的做法，在偿还本金的同时计算利息，同时需要交纳一定的"赔偿金"，"赔偿金"作为营业外收入可以在"通用计账"界面中计录。

（3）会计分录：

会计部分：

借：416 辖内往来——通存通兑

  贷：122 个人消费贷款账户

  贷：262

储蓄部分：

借：211 付款人

  贷：416 辖内往来——通存通兑

四、结算系统说明

结算业务包括：辖内通存、同城交换、联行业务。

（一）辖内通存业务

辖内通存是客户在提出行（业务行）办理存款业务，提入行（账务行）同步入账的一种结算业务。

辖内通存包括：现金通存、转账通存。

1. 现金通存

在提出行（业务行）录入客户在提入行（账务行）的存款账号、金额。经复核后，向主机提交，系统验证通过后，同时记入提出行和提入行的账务。提入行打印贷方补充报单作为记账传票。

提出行（业务行）的会计分录：

借：101 现金

  贷：416 辖内通存分户

提入行（账务行）的会计分录：

借：416 辖内通存分户

  贷：201 或相关科目

2. 转账通存

在提出行（业务行）录入相关要素，经复核后，向主机提交，系统验证通过后，同时记入提出行和提入行的账务。提入行打印贷方补充报单作为记账传票。

提出行（业务行）的会计分录：

借：201 或相关科目

  贷：416 辖内通存分户

提入行（账务行）会计分录：

借：416 辖内通存分户

　　贷：201 或相关科目

（二）同城业务

1. 同城交换的场次

全天共有两场交换（有些城市除外），上午的为一交，中午的是二交。一场完整的交换以切换场次为准，切换前做该场次的提出业务，切换后做该场次的提入业务。例如，一交的全过程包括：前一天下午提出票据处理、晚上切换场次、第二天上午提入票据处理，第一场资金清算完毕。

2. 交换业务种类

提出业务包括：

①提出代付（他行支票、汇票等）。

②提出代收（税单、电话费、进账单的反存等）。

③提出上场次提入代付的退票（即本行的支票退票）。

④提出上场次提入代收的退票（即本行收款凭证的退票）。

提入业务包括：

①提入代付（本行支票等）。

②提入代收（本行收款凭证）。

③提入上场次提出代付的退票（即他行支票退票）。

④提入上场次提出代收的退票（即他行收款凭证的退票）。

资金清算：按当天交换场次提出提入轧差金额分别清算，结转到 416 汇差科目。

3. 同城业务介绍

提出业务：

（1）提出代付业务属于预计账，录入后必须换人复核。系统检查收款账号是否是本所账号。在该存款账户做上标记，在 26101 待抵用票据账户中预记账。提出代付录入无会计分录。复核后的会计分录为：

借：408 提出代付

　　贷：26101 待抵用票据

（2）提出代收业务必须换人复核，系统检查付款账号是否存在，是否空头，检查付款凭证的合法性，核销支票。录入无分录。

复核后的会计分录为：

借：201 或相关付款账号

贷：408 提出代收

（3）提入代付退票的提出由系统自动完成。

（4）提入代收退票的提出由系统自动完成。

（5）在做切换场次时，输入交换日期（交换日期不一定就是当天日期）和交换场次（保证交换场次的合法性），录入提出代付笔数、金额、提出代收笔数、金额。提出代付、代收的报单必须是处于复核状态，否则系统不允许执行。同时要把上一场次的提入代付退票笔数、金额、提入代收退票笔数、金额在本场次切换时提出，最后录入总笔数和轧差金额。系统自动校验所有的录入数据，当有非法交换的提出代付时，机器提示提出代付数据错误，查询非法二交报单，调整数据后重新切换场次。

无会计分录。

（6）提出代收、代付票据在一天的任何时候都可以做，只是在切换场次前做本场次的提出，切换场次后做下一场的提出。

（7）只有在切换场次后才能做本场的提入业务。

（8）由于支票号码是由机器统一管理、资金清算也由系统完成，很大程度上避免了提入代付业务中错账和串户的可能性，因此不需要复核。录入要素后，系统自动检测该场次是否清差，是否是本行账户、该户是否空头、是否是本户支票、并核销支票。

会计分录为：

借：201 或相关付款账号

贷：408 提入代付

（9）提入代付票据（支票等）的退票作为提入账务参加本场次的清算，提出（退票）账务参加下一场的清算，既在本场次算提入代付业务，在下一场次算提出业务把退票提走。录入要素后系统检查场次是否有效，该账户是否是本所账号，如果要核销支票，凭证类型选转账支票，输入支票号码，系统检查支票是否属于该账户，是否未被使用，并核销该支票。

会计分录：

借：408 提入票据退票

贷：408 提入代付

借：408 提出代付

贷：408 提入票据退票

（10）提入代收也是由单个柜员录入，不需要复核。录入要素后，系统检查提入场次是否已参加了交换，已经完成本场次清算的场次不能再提入，检查收款人账号是否是本所账号。

会计分录为：

借：408 提入代收

　　贷：201 或相关收款账号

（11）提入代收的退票分两种情况：一种是先挂账，查明原因后再处理，或者手工入账或者在以后某场次退票；另一种是直接退票，在录入提入代收退票后，下一场做提出业务把退票提出。录入要素后，系统检查提入场次的合法性，完成清算的场次不能再提入，检查收款账号是否是本所账号。

提入代收挂账的会计分录：

借：暂收账号

　　贷：408 提入票据退票

借：408 提入票据退票

　　贷：408 提出代收

直接退票的会计分录：

借：408 提入代收

　　贷：408 提入票据退票

借：408 提入票据退票

　　贷：408 提出代收

（12）在做提入业务的同时，有可能接到提出代付的提入行打来的退票电话，在做好记录的同时需要在系统中作提出代付暂缓入账的处理。

无会计分录。

（13）新系统默认提出代付的入账时间为下一个场次切换以后，与我们原有的提出入账时间并不矛盾，而且账务处理更加严谨。录入交换日期、交换场次，系统找出上一场暂缓入账以外的所有提出代付报单，做自动批量入账。

会计分录：

借：26101 待抵用票据

　　贷：201 或相关收款账号

（14）特例：当柜员又接到电话退票不退的确认时，使用提出代付的单笔入账功能，在到达规定入账时间后手工入账。

会计分录：

借：26101 待抵用票据

贷：201 或相关收款账号

（15）提出代付的退票在以后场次提入时，进入提出代付退票交易界面，做退票处理，本场提入的提出代付退票均为以前场次的电话退票。录入要素后系统找出该场次暂缓入账的所有报单，选择需要退票的票据，检查该场票据是否已交换，未交换不允许退票，如果已完成清算不允许退票。

会计分录：

借：408 提出票据退票

贷：408 提入代付

借：26101 待抵用票据

贷：408 提出票据退票

提出代收退票录入要素后，系统找出该场次提出代收的所有报单，选择需要退票的票据，检查该场票据是否已交换，未交换不允许退票，如果已完成清算不允许退票，检查付款账户是否已结清或销户，如果是，直接挂账。

会计分录：

借：408 提入代收

贷：408 提出票据退票

借：408 提出票据退票

贷：201 或相关收款账号（贷方账号销户时直接挂账）

（16）同城交换资金清算。在完成一场交换的提出、提入票据处理后做资金清算（提出代付的入账与资金清算无关），由于同城交换在做业务时其汇差反映在 408 科目，而系统清算在 416 科目，所以在系统自动清算时，需进行 408 科目和 416 科目的对转，将收付金额轧差后划转到 416 科目。

输入交换日期和交换场次后，录入提出借方笔数、金额、提出贷方笔数、金额、提入借方笔数、金额、提入贷方笔数、金额、总笔数、轧差金额。系统自动校验该场次是否为当前场次、录入的票据金额和电脑汇账中的票据是否一致。

注意：

提入退票的票据在本场清算，提入票据退票的提出在下场清算。

轧差后余额在贷方的会计分录为：

借：408 同城清算

贷：416 同城交换汇差分户

轧差后，电脑会显示出管辖行差额报告表（见表 4－2）。

表 4－2　　管辖行差额报告表

日期：2001/04/01	管辖行：8100	场次 1
提出借方：100 万元	提出贷方：200 万元	
提入借方：300 万元	提入贷方：600 万元	
贷差：	借差：200 万元	

交换借差＝提出借方＋提入贷方－（提出贷方＋提入借方）。
交换贷差＝提出贷方＋提入借方－（提出借方＋提入贷方）。

特例：

①报单冲销。

提出代付在录入状态时，可以通过报单冲销交易随意删除但不能修改，不需要起冲账传票。

提出代付、代收在复核状态时系统已做完账务处理，若通过报单冲销交易方式删除，必须手工起红字冲账传票。

提出代付票据入账后的报单可以冲销回交换状态。必须手工起红字冲账传票。

切换场次后，所有提出代付票据的状态均为交换，此时不允许修改及删除任何提出报单。

已清差的提入票据不允许冲销。

②取消切换场次。

在做完一场提出票据的切换场次后，发现提出票据有误或需要追加票据，可以取消当前提出票据的切换场次。

系统自动检查交换场次的合法性，如果有该场次的提入票据不允许取消切换，如果该场次已清差，不能取消。

③取消资金清算。

当发现提入票据录入有误或其他情况，可以取消本场的同城资金清算。系统自动检查场次的合法性，找出本场的清算表，生成红字账务，需手工填制冲账传票。

会计分录：

借：（红字）408

　　贷：（红字）416 同场交换汇差分户

（三）电子联行业务

电子联行业务包括来账和往账。

1. 电子联行来账清分

为了加快资金结算的速度，现将电子联行来账的手工处理模式改为以下方式：自动清分，实时入账。来账处理基本采用自动入账的方式，系统收到人民银行发来的来账信息后，以三个要素进行清分：汇入行、账号、户名。三个要素一致，自动入账；汇入行有效，在支行营业部挂账；汇入行无效，在市行营业部挂账。

系统处理：

从人民银行电子联行接入机收到来账信息；

检查电联业务是否已开放（系统登陆人民银行电联后，开放此业务）；

将接收到的原始报文信息解包后写入系统；

根据汇入顺序号核对报文是否连续；

检查报文中汇入行信息是否在系统中存在；

如不存在，自动在市行营业部挂账；

检查账号是否存在；

如不存在自动在汇入行营业部挂账；

检查账号和系统中的户名是否一致；

如不一致，在汇入行营业部挂账；

检查收款账号是否可以进账；

如不能进账（已销户或已结清），则在账户行挂账；

如果信息有效，则自动入账。

会计分录：

自动入账时的分录：

借：416 全国联行往来

　　贷：201 或其他科目　汇入账号

挂账时的分录：

借：416 全国联行往来

　　贷：26203（专用挂账户）

借方凭证电脑打印，贷方凭证在其他业务中打印。

2. 电子联行来账贷方补充报单

用于来账的“系统内电子联行贷方补充报单”的打印。该凭证一式两联：一联作为电联的贷方记账凭证；一联是收款通知，属于重要空白凭证管理，系统对该凭证做号码管理。凭证中对“挂账”应特别注明，做26203的凭证；对于重复打印的凭证应注明“重打凭证”字样。

处理：

检查是否有交易行所在的自动入账的来账；

如在支行，还需要检查是否有该汇入行挂账的来账；

如是市行营业部，检查是否有汇入行的挂账来账；

如要重打，则判断该来账序号是否存在，否则找出最后一笔未打印的来账；

在来账信息中注明已打印；

输出来账的所有打印要素。

3. 电子联行往账

用于电子联行往账的处理，从客户账上直接划款，通过人民银行的电子联行接入机，发送往账信息，资金清算由系统当日自动完成。为保证业务的安全，此业务需要一个录入人员、一个复核人员和一个授权人。

（1）电子联行往账录入。

录入要素后，系统自动生成汇出行号，如普通的电汇，系统自动生成付款人名称。

检查业务种类和付款账号之间的关系。

检查付款账号是否为本所账号。

检查汇款账户是否空头。

检查电联业务是否已开放（系统登陆人民银行电联后，开放此业务）。

完成检查后，自动生成凭证提交号，记录报单信息。

同时扣减汇出账户的可用资金。

当天结账时不允许有未复核的电联报单。

（2）电子联行往账报单复核。

对已录入的往账报单进行复核，系统根据复核要素，匹配待复核的报单。该业务需要授权才可以办理，授权人不能是复核人或录入人。

录入要素后，系统检查电联业务是否已开放（系统登陆人民银行电联后，开放此业务）。

在系统中根据复核要素，匹配待复核的报单。

处理账务，并修改报单的状态为“已复核”。

将报单信息发送到人民银行的电联接入机。

当人民银行确认并发送后，自动更新该报单的状态（已发送）。

会计分录：

借：201 或其他　汇出账号

　　贷：416 辖内往来——全国联行往来

（3）电子联行往账报单冲销。

当往账报单在复核时或录入后发现信息有误，可以将该笔报单冲销后再重新录入。

检查业务种类和付款账号之间的关系。

检查付款账号是否为一般活期存款，且必须是本所账号。

完成检查后，删除该笔报单。

无会计分录。

第二节　特殊业务说明

1. 存款业务说明

协议存款：办理协议存款，开户单位要与银行签订《协议存款合同》，该合同的期限最长不得超过1年（含1年），合同到期后任何一方没有提出终止或修改合同，即视自动延期，延长期限与上一合同期限一致。协议存款账户下的资金实行分段计息：协议部分和基本额度存款部分，基本存款额度最低为50万元（含50万），超过这一额度的为协议部分。基本额度存款按人民银行规定的正常利率计息，协议部分按双方协定的利率计息。

通知存款：是定期存款的一种形式。是指存款人在存入款项时不约定存期，支取时需提前通知金融机构，约定支取存款日期和金额方能支取的存款。通知存款的最低起存金额为50万元；最低支取金额10万元。存款人需一次性存入，可以一次或分次支取。通知存款分1天通知存款和7天通知存款，利率分别为1.35%和1.89%。

存期的说明：在新系统中，定期存款的存期、通知存款的通知期都是用3位数字来表示。第1位数字表示存期或通知期的计量单位：1表示天，2表示月，3表示年；第2、3位数字表示计量单位的数量。例如：107表示通知期为7天；206表示存期为6个月；301表示存期为1年。

2. 辖内通存的冲销

辖内通存录入未复核的报单可以在相应查询维护界面进行修改金额或

删除（用 delete 键）。经复核后，系统自动记入提出、提入行的账务，不能用查询维护去修改或删除，也不能用通用模块的冲账交易去冲销。只能在通存交易中用红字冲销。

一、查询业务

（一）客户综合查询

根据输入的检索条件查询相应的客户信息，与公司客户查询联动。

（二）账户查询

（1）表内账户综合查询：根据输入的检索条件（科目、客户号、客户名三种）查询相应的客户信息，与表内账户明细查询联动。只能查询本所账户信息。

（2）表内账户明细查询：输入账号查询本所账户的明细信息，只能查询本所账户信息。

（3）积数查询：通过输入起始账号和明细科目查询账户积数。只能查询本所账户信息。

（4）表外账户综合查询：通过输入表外账号等检索条件查询表外账户信息，与表外账户明细查询联动。只能查询本所账户信息。

（5）冻结查询：通过输入组合条件，查询本所冻结账户信息。

（三）凭证查询

（1）凭证综合查询：通过输入客户号、凭证号等检索条件查询除支票以外所有客户使用的凭证。

（2）已出售凭证查询（按凭证号、账号）：按凭证号查询通过输入凭证类别、凭证号检索已出售支票所归属的账户信息。按账号查询通过输入凭证类别、账号等信息检索需要查询的凭证信息。

（3）钱箱凭证查询：通过钱箱号或凭证类型查询各类凭证的总体信息。

（四）交易信息查询

（1）交易综合查询：通过组合条件查询本所任何一天的业务信息。

与交易账务查询联动。

（2）交易账务查询：通过组合条件查询本所任意一天业务的账务处理信息（会计分录）。

（3）账户账务查询：通过输入账号和日期查询某一具体账户业务交易的流水账。

（4）放款查询：通过输入本所存款账号查询该账户下的所有贷款。

（5）开销户查询：通过输入查询类别等条件检索本所的开销户情况。

（6）支票交易查询：通过输入支票号查询所属账号和交易金额。

（7）表内历史账务查询：按金额查询。

（五）总账查询

- 科目查询：通过科目号查询某一具体账务日期该科目的借贷方发生额、余额。
- 汇差查询：通过输入部门号查询本部门的各种汇差户的借贷方的发生额和汇总发生额。

二、维护业务

（一）信息维护

（1）公司客户信息维护：可以修改除企业性质、客户名称以外的客户信息，可以修改、维护全行的客户信息。个体客户修改证件号码后，新的证件号码不能和原有证件号码重复。

（2）表内账户信息维护：可以修改本所表内账户通存通兑标志、自动转存标志、最低余额、透支额度、计息标志（系统另有控制）。

（3）表外账户信息维护只能修改账户名称（内部账户开户名称输错时使用）。

（二）内部账户

（1）综合账户开户：已销账的内部账户可以重新开设。只有计息类科目才能选择为计息户。以下科目不能开内部账户：122、201、202、205、221、235、24302、406、123、124、125、126、127、128、129、130、149、151、152、162及所有损益类科目。

（2）内部账户销户：内部账户销户分两步，先结清余额做关闭处理，隔日再做销账处理。

（3）当日有交易的综合户不能销账。

（三）账户维护

（1）账户部分冻结：部分冻结的金额必须小于或等于账户当前余额。

（2）账户部分解冻：提前解冻金额必须和部分冻结金额匹配。

（3）账户冻结：账户冻结是全部冻结，冻结后资金只进不出。

（4）账户解冻：到冻结截止日，系统做自动解冻。

（5）冲销户：冲销户仅限冲定期销户（含通知存款）。

（6）睡眠户激活：对于1年未发生业务的账户，系统自动做睡眠户处理，挂久悬未取账户，客户发生业务时必须进行睡眠户激活处理。

（四）交易维护

（1）冲账：

通过输入错账日期、错账交易流水，系统自动冲账，手工起冲账传票。只能冲本网点交易，过起息日的账务一律不自动调整积数，需手工调整。冲账不冲凭证信息。

（2）补账：

补账必须有借贷方，借方贷方合计金额要相等且不能多借多贷，不补凭证信息。

（3）串户冲正：

必须红蓝字账务同时处理，红字账务必须在原交易中有对应的账务，不能多借多贷，不补凭证信息。

三、固定资产的基本管理

固定资产是指使用年限在1年（不含）以上，单位价值在2000元（不含）以上，并且在使用的过程中保持原有实物形态的资产。

固定资产在各支行营业部建账，每一项购置的固定资产开设一个账号。

（一）计提折旧的计算

采用平均年限法，一般按季计提，其计算公式如下：

$$季折旧率=(1-预计净残值率)\div固定资产折旧年数\div4$$

$$本季应提折旧额=固定资产原值\times季折旧率$$

$$累计折旧额=已提折旧额+本季应提折旧额$$

$$净值=原值-累计折旧额$$

会计分录为：

借：530 固定资产折旧费

　　贷：152 累计折旧

在具体计提折旧时，当月投入使用的固定资产，当月不计提折旧，从下月起开始计提折旧；当月减少（报废）的固定资产，当月照提折旧，从下月起停止计提折旧。

（二）清理

因出售、报废和毁损而减少固定资产时，应先转出固定资产。转出固定资产分两种情况：

当净值 =0 时，会计分录为：

借：152 累计折旧

　　贷：151 固定资产

当净值 >0 时，会计分录为：

借：153 固定资产清理

借：152 累计折旧

　　贷：151 固定资产

转出后的处理包括：支付清理费用，收取价款或残值变价，将净收益或净损失转营业外收入或营业外损失。

四、递延资产的摊销

递延资产具有待摊费用的性质，但由于其支出所带来的收益期限较长（往往是几个会计年度），因而在会计核算上将其作为资产来处理，在以后的会计年度内分期摊销。

（一）摊销的核算

递延资产一般按季摊销，其计算公式为：

$$每季递延资产摊销额=递延资产原值\div摊销年限\div4$$

其会计分录为：

借：52903 业务及管理费用——递延资产摊销

贷：162 长期待摊费用

注意：

一般低值易耗品直接记入 52903 业务及管理费用——低值易耗品支出。

无形资产是供银行长期使用而没用实物形态的资产。

（二）无形资产管理

同递延资产，仅科目不同。

其会计分录为：

借：52903 业务及管理费用——无形资产摊销

贷：162 无形资产

五、应付利息的计提

应付利息是根据权责发生制原则对存期在 1 年（含 1 年）以上的定期存款计算应付未付的利息。待存款人支取时，按实际支付利息冲减应付利息。

（一）科目

260 应付利息；

26001 应付定期存款利息；

26001 应付定期储蓄存款利息；

13903 利息支出；

1390302 定期存款利息支出；

1390304 定期储蓄存款利息支出。

（二）计算

应付利息以支行为单位按季计提，按定期储蓄存款和定期存款分别计提。其计提公式为：

$$\text{季计提应付利息额}=\sum\left(\text{本季末定期（储蓄）存款积数}-\text{本季初定期（储蓄）存款积数}\right)\times\text{存单日利率}$$

其会计分录为：

借：260 应付利息

贷：13903 利息支出

（三）注意事项

定期（储蓄）存款每日累计积数，到期后不再累计。

260 应付利息不足时自动记红字，可定期（年、季、月底）手工用 13903 利息支出冲减。

六、呆账准备金的计提

贷款呆账准备金是商业银行为抵御和减少贷款的风险，按年初贷款余额的一定比例提取，用于补偿呆账贷款损失的准备金。贷款呆账准备金是按年末贷款余额的 1% 按原币实行差额提取。

（一）科目

131 贷款呆账准备

531 提取准备

53101 提取呆账准备

（二）计算

按支行计提的呆账准备金，与按支行计提的当年呆账准备金额比较，之间的差额进行账务处理。

当年呆账准备金累计提取额 = 年末贷款余额 ×1% − 呆账准备金上年末余额

其会计分录为：

如果原计提不足：

借：53101 计提呆账准备金

贷：131 呆账准备金

如果原计提超额：

借：131 呆账准备金

贷：计提呆账准备金

（三）处理

检查是否为年终决算日；

当天各下属网点结账完成后进行；

检查损益结转是否还未处理；

根据年末贷款余额（委托贷款和国债抵押贷款除外）的1%，按差额提取呆账准备金。年终结算日，各支行手工启动。手工控制在计提完成后，贷款业务不允许再有发生。

计算应计提的呆账准备金，和已计提的比较，计提金额为之间的差额进行账务处理。

会计分录：

如果原计提不足：

借：53101 计提呆账准备金

　　贷：131 呆账准备金

如果原计提超额：

借：131 呆账准备金

　　贷：53101 计提呆账准备金

七、坏账准备金的计提

坏账准备金按年初应收账款余额的0.5%按原币实际差额提取。坏账准备金仅限于核销应计入损益的应收账款，包括应收利息、应收租赁收入。

（一）科目

134 坏账准备金

531 计提坏账准备金

53102 计提坏账准备金

（二）计算

当年坏账准备金累计提取额＝年末贷款余额×0.5%－坏账准备金上年末余额

会计分录：

如果原计提不足：

借：53102 计提坏账准备金
　　贷：134 坏账准备金
如果原计提超额：
借：134 坏账准备金
　　贷：53102 计提坏账准备金

（三）处理

检查是否为年终决算日；
当天各下属网点结账完成后进行；
检查损益结转是否还未处理；
按支行计表内应收利息余额；
计算应提的坏账准备金，与已计提的进行比较，计提金额为之间的差额进行账务处理。

年末表内应收利息 0.5% 做计提基数，差额计提坏账。年终结算日，各支行手工启动。手工控制在计提完成后，表内应收利息相关业务不允许再有发生。

会计分录：
如果原计提不足：
借：53102 计提坏账准备金
　　贷：134 坏账准备金
如果原计提超额：
借：134 坏账准备金
　　贷：53102 计提坏账准备金

八、营业税金及附加的核算

营业税金及附加是一个支出类会计科目，该科目核算应由经营收入负担的各种税金。

（一）计提

以支行为单位按季计提，分国税、地税等不同部门计提交纳。
计算公式如下：
计税金额 =501 利息收入 +511 手续费收入 +513 其他营业收入

+51501 营业外收入－罚没款收入

国税＝计税金额×3%

地税＝计税金额×5%

教育费及附加＝计税金额×5%×3%

城建税＝计税金额×5%×7%

教育税＝计税金额×5%×1%

（二）会计分录

借：533 营业税金及附加

　　贷：26501 应交税金——应交税金及附加（应交国税）

　　贷：26501 应交税金——应交税金及附加（应交地税）

　　贷：26501 应交税金——应交税金及附加（应交教育费及附加）

　　贷：26501 应交税金——应交税金及附加（应交城建税）

（三）缴纳

缴纳时会计分录为：

借：26501 应交税金——应交税金及附加

　　贷：408 同城交换清算

九、所得税的核算

所得税是按利润总额的一定比例计算的。而利润总额是根据营业收入减营业支出和营业税金及附加，加上投资收益、营业外收入，减去营业外支出和规定期限内的亏损弥补后的差额。

（一）科目

26503 应交税金——应交所得税

550 所得税

（二）计提

所得税年底由市行统一计算后按年交纳。

（三）会计分录

借：31204 利润分配——应付利润

贷：26503 应交税金——应交所得税

（四）缴纳

实际交纳时会计分录为：

借：26503 应交税金——应交所得税

贷：408 同城交换清算

第三节 特殊日期业务

一、月末

报表：

（1）网点、支行、市行打印月报表。

（2）营业网点打印总账科目表、本月开销户清单。

二、季末

（一）利润结转

利润结转分录如下：

借：损益类科目各收入科目

贷：311 本年利润

借：311 本年利润

贷：损益类科日各支出科日

（二）利润上划

各级机构损益划转是系统自动将 311 科目余额通过辖内往来上划总行财会部。

如该机构有盈利，则网点会计分录如下：

借：311 本年利润

　　贷：416 辖内往来

总行财会部会计分录如下：

借：416 辖内往来

　　贷：311 本年利润

如该机构亏损，则会计分录相反。

（三）报表

网点、支行、市行打印季报表。

三、结息日

（一）日期

对公存款账户每季结息，贷款账户每月结息，时间都为 20 日市行中心日终后，结息账务并作 21 日账务。

（二）内容

存款结息系统自动完成利息支出科目和活期存款科目的对转，由中心机房打印计息传票，由各营业网点次日领取。

贷款结息系统自动对每个贷款账户计算利息，并到对应存款账户扣收利息，如果扣收不成功则计入应收未收息科目；满足以下条件的计提表外。

其中如果该贷款账户半年内未收到利息，计提表外。

贷款转呆滞后统一计提表外。

呆账贷款不在表内外计提应收利息。

如果某贷款账户应收未收息已进入表外，则以后全部在表外核算。

贷款结息计息清单和计息传票由支行机房统一打印。

四、年终决算日

（一）年度决算日的规定

每年 12 月 31 日办理年度决算，如遇节假日，仍以该日为年度决算日。

（二）科目

311 本年利润
312 利润分配
31201 盈余公积补亏
31202 提取盈余公积
31203 公益金
31204 应付利润
31205 未分配利润

（三）试算平衡

在年度决算前，根据 11 月份总账编制试算平衡表。

（四）年度决算日的工作

处理全部损益账务；
预轧账：完成清算、计提利息；
年终轧账：完成利润结转（同季度利润结转）、利润分配（将 311 本年利润全部转入 31205 利润分配——未分配利润科目）。

（五）报表

年度决算完毕后，打印年度决算报表，包括：资产负债表、业务状况报告表（年计表）、损益明细表、损益表、利润分配表、应收应付款明细表、业务量表。

第四节 财务收支的报账制

为加强对全行各支行（网点）收支情况的管理，各支行（网点）一律不记收支账，全行所有的财务收支集中在总行财会部统一建账核算。总行财会部建账的模式是在损益类科目的各明细账户下，再分别按支行、营业部、清算中心、财会部建 58 个账户核算。各支行不再在损益类各科目下设明细账户核算。各支行发生损益类有关账户业务时，先过渡性的记入

“其他应收款”或“其他应付款”科目的有关账户（账户按损益类科目明细项目设置），定期向总行财会部报账。

各支行发生与损益类科目账户的有关业务时，支行向财会部报送清单，财会部打出四联传票做支行和本部门记账用。

要求：

总行中心机房能打印出全行损益类各科目、各账户的汇总数据。

总行中心机房能分别打印出各支行损益类各科目、各账户的数据。

各支行前台能打印出本支行在过渡性科目核算的损益类各科目、各账户的数据。

能真实、准确地反映各支行利润情况。

总行财会部对支行掌握开支的费用项目按指标控制。当支行实际发生的费用总额超过总行对其控制的费用总额时，机器应拒绝受理。控制的费用总额总行财会部可以按规定调整。

一、市行财会部损益类科目账户分户设置

市行财会部损益类科目账户为各支行（网点）设置分户，账户后缀由四位部门号加一位校验位组成。

例如：短期信用贷款利息收入分户账号为：YY9YY10501BBNNX，其中：YYYY 为财会部部门号，BB 为支行号，NN 为网点号，X 为校验位。

二、各支行（网点）收支业务

各支行发生损益类有关账户业务时，通过通用记账模块记入“其他应收款”或“其他应付款”科目的相关账户分户，定期向总行财会部报账。

会计分录（以费用为例）：

借：101 或其他科目

　　贷：13903 科目相应分户

借：13903 科目相应分户

　　贷：416（专门用于收支报账）

三、市行财会部办理各支行（网点）收支业务

会计分录（以费用为例）：

借：41602（专门用于收支报账）

　　贷：13903 科目相应分户

费用项目按指标控制。

市行财会部对支行掌握开支的费用项目按指标控制。总行按年对各支行下费用指标，对支行费用开支按季考核，考核方法是：每个季度对各支行费用开支分别按指标的一定比例控制。控制的费用总额总行财会部可以按规定调整。

四、全行报批费用考核表

每月按支行的应列支和实际列支情况出报表，供全行统一管理。

第五节　会计备忘

一、科目日结单

表头内容：科目代号、币种、日期、操作员。

表体内容：借方现金传票张数、借方现金附件张数、借方现金发生额、借方转账传票张数、借方转账附件张数、借方转账发生额、借方传票张数合计、借方附件张数合计、借方发生额合计、贷方现金传票张数、贷方现金附件张数、贷方现金发生额、贷方转账传票张数、贷方转账附件张数、贷方转账发生额、贷方传票张数合计、贷方附件张数合计、贷方发生额合计。

二、表外、备忘科目日结单（分币种）

表头内容：科目代号、币种、日期、操作员。

表体内容：收方传票张数、收方附件张数、收方发生额、付方传票张数、付方附件张数、付方发生额。

三、存款利息清单

共分三联，包括回单、贷方传票、借方传票。

表头内容：日期。

表体内容：单位名称、结算户账号、开户行、大小写利息金额、起息日、结息日、利率、积数、利息、科目及对方科目、会计、复核、记账（贷方传票和借方传票）。

四、贷款利息清单

共分三联，包括回单、借方凭证、贷方凭证。

表头内容：日期。

表体内容：单位名称、开户银行、结算户账号、贷款户账号、大小写利息金额、起息日、结息日、利率、积数、利息、科目及对方科目、会计、复核、记账（贷方凭证和借方凭证）。

五、开销户清单

表头内容：部门名称、日期、操作员。

表体内容：账号、户名、开户日期、储种、币种、开销户金额、存期、开销户用户、交易部门、账务部门。

六、轧账用补充传票列表

表头内容：部门名称、日期、操作员。

表体内容：账务日期、账号、科目、借贷标志、交易金额、本次余额、余额方向、操作用户。

七、轧账单

科目、借方现金发生额、借方现金笔数、借方转账发生额、借方转账笔数、贷方现金发生额、贷方现金笔数、贷方转账发生额、贷方转账笔数。

八、日计表

科目代号、科目名称、上日借方余额、上日贷方余额、本日借方发生额、本日贷方发生额、本日借方余额、本日贷方余额。

月计表、季报表、半年报表、年度报表格式同上。

九、表外、备忘科目日计表

科目代号、科目名称、上日结存、本日收入、本日付出、本日结存。

月计表、季报表、半年报表、年度报表格式同上。

十、账户余额表（分科目）

科目代号、科目名称、日期、账号、借方余额、贷方余额、积数。

十一、总账

表头内容：科目代号、科目名称、日期、币种、金额单位

表体内容：上年底借方余额、上年底贷方余额、本年累计借方发生额、本年累计贷方发生额、上月底借方余额、上月底贷方余额、账务日期、借方发生额、贷方发生额、借方余额、贷方余额、10 天小计、20 天小计、本月合计、自年初累计。

十二、分户账及客户对账单

表头内容：户名、账号、年度、页码、金额单位

表体内容：交易日期、柜员编号、交易码、凭证号码、摘要、借方发生额、贷方发生额、余额、承前页。

十三、交易流水账

交易流水号、业务种类、业务名、凭证类型、凭证号、交易用户、科目、账号、借贷标志、交易金额、本次余额。

十四、大额现金取款登记簿

账户部门、账号、户名、科目、币种、取现金额、操作员。

十五、大额存款客户登记簿

账号、户名、起息日、到期日、储种、存期、余额。

十六、大额存款登记簿

账户部门、账号、户名、科目、币种、交易金额、交易码、操作员。

十七、对公存款分类明细表

科目代号、科目名称、存期、总户数、总余额。

十八、对公存款分类表

科目代号、科目名称、总户数、总余额。

十九、特殊业务清单

账号、户名、余额、业务类别、内容、操作用户、复核用户。

二十、损益明细表、损益表（季、年）

季报：行次、项目、本季累计数、本年累计数。
年报：行次、项目、上年累计数、本年累计数。

科目归属详见《合作银行会计制度》，项目详见会计科目表。

二十一、资产负债表（季、年）

资产项目、负债及所有者权益项目、行次、年初数、期末数。

科目归属基本参照《合作银行会计制度》的注解，其中：支行 42002 归入其他长期负债项目；总行财会部 42001 归入其他长期资产项目；全辖汇总时 420 科目应无余额，不列入任何归属；其他个别与制度不同之处由市行财会部解释。

二十二、分户账账首目录

序号、单位名称、起止页数、总页数、备注。

二十三、内部重要数据表

支行名称、人行存款、存放同业、委托贷款、应收利息、坏账准备、在建工程、活期储蓄、定期储蓄、委托存款、同业存放、单位定期、703 代保管有价值品、705 表外未收利息、逾期贷款、应解汇款、长期债券投资减值准备。

二十四、业务状况表

单位、存款余额、存款比年初、贷款余额、贷款比年初、到期未收利息、应付利息、全部收入、全部支出、损益、实收资本、盈余公积、呆账准备、固定资产、累计折旧、其他应付款、其他资产、偿债物利息、待处理抵债物。

二十五、业务及管理费明细表

序号、项目、本期数、本年累计数。

第六节　汇差清算体系

资金清算在市行清算中心处理，采用汇差清算方式，每账务日做一次清算处理，自动入账。各清算行完成清算后与市行清算中心自动对账，确保资金清算的正确进行。

一、汇差清算体系具有如下特点

（1）采用汇差定时清算方式，抛弃备付金实时逐笔清算。

（2）汇差清算简化业务账务处理。

（3）汇差清算有利于全行资金的统一调控。

（4）支持三个层次的联行业务：系统内往来、同城交换、全国联行。

（5）同城结算业务和电子联行业务的发生，统一通过市行作为唯一资金出口。

（6）市行在中央银行开设的 110 备付金户不允许透支，各个支行在市行开设的 407 备付金户允许透支，透支后电脑自动计罚息。各支行应主动调拨头寸。

（7）联行业务处理中，各个业务发生部门，无论是支行还是网点，一律同等对待。

（8）市行开设一个 416 清算分户，用于汇差清算的中间过渡。

（9）各个网点在本网点开设五个 416 账户，分别对应清算（416）、通存通兑（417）、系统内往来（418）、同城交换（419）、全国联行（420）。

（10）清算中心业务采取分级处理方式，从上到下完成资金的清算，各对开资金清算户的对账由系统完成，如有不符，需查明原因，找出未达账项，不能解决的以上级行账务为准。

（11）各个支行在市行开设的 407 准备金户（40701），各个网点在支行开设的 407 备付金户（40702），在清算汇差时使用。

（12）清算汇差采用当天（晚上）清算的方式。

（13）提供汇差和汇兑流水即时查询功能，方便市行清算部门和各个支行清算人员及时掌握情况。

(14) 提供汇差额度预警。若某网点或支行汇差达一定额度时，可做即时清算，或暂时停止（或做授权控制、系统自动预警）该部门汇兑业务。

(15) 清算系统可方便对接其他银行业务接口，外部资金汇兑接口参照人民银行相关标准，并留有与其他银行进行数据交换的自定义接口。

二、清算系统业务范围

(1) 储蓄通存通兑；
(2) 对公通存；
(3) 辖内借记/辖内贷记；
(4) 同城票据交换；
(5) 电子联行业务；
(6) 汇入；
(7) 汇出；
(8) 汇票；
(9) 托收；
(10) 委托代收等。

全行的往来业务，全部通过416汇差科目下属的各分户，因此日终的清算过程，也就是对各级416科目的清算过程。其原则如下：

全行只有市行清算组一个资金对外出口，其余各支行的清算只对市行。

分级清算，市行清算组对下属一级支行清算，各一级支行对其下属营业网点实施清算。

当天日终清算后，市行清算组和各级机构416科目余额为零，确保当日清算完毕。

当天日终清算后，系统自动完成清算账务处理，各级营业机构根据相应资金清算报表补制传票。

各级407准备金账户允许透支，但各级支行应积极调拨头寸，市行应制定相应的措施。

如果当天清算后，416科目不为零，则只有暂挂过渡科目待次日查账。

三、市行清算组的清算过程

分支行汇总：支行营业部及其下属各网点 416 科目，分别统计、轧差。如果 A 支行轧差后余额在贷方，则：

借：40701A 支行准备金户

  贷：416 清算户

如余额在借方则会计分录相反。

汇总全行 416 科目同城交换分户汇差轧差后，如果余额在贷方，则：

借：416 清算户

  贷：110 存放人行准备金

如余额在借方则会计分录相反。

四、各支行分户与市行的清算及与下属网点间的清算

与市行的清算：对所有下属网点及本身营业部 416 科目汇总、轧差后，如余额在贷方，则：

借：416 清算分户

  贷：40701 存放总行准备金账户

如余额在借方则会计分录相反。

与网点的清算：对下属各网点 416 科目分别轧差，如 A 网点轧差后余额在贷方，则：

借：40702A 网点备付金户

  贷：416 清算分户

如余额在借方则会计分录相反。

五、各营业网点

对本网点 416 科目轧差，如轧差后余额在贷方，则：

借：416 清算分户

  贷：40702 备付金户

如余额在借方则会计分录相反。

第七节　通存通兑及资金清算

一、通存通兑的基本规定

（1）凡参加联网的营业网点均可相互代办指定范围内的业务。

（2）开户时用户指定为通存通兑的对公存款账户才能通存。

（3）通存通兑的资金，分市行对一级支行、一级支行对下属网点二级清算。

（4）发生通存通兑业务时，账务行通过记416辖内汇差科目，在日终时通过该科目和准备金科目的对转完成资金清算工作。

（5）通存通兑时所发生的账务由业务行对账，其中416科目账务是由电脑自动补记，不用对账。

（6）通存通兑业务发生时和当天日终对账时，不需特殊处理。

（7）通存通兑的对公凭证、传票，通过后督返回业务行；业务发生次日，各营业网点打印前天通存通兑各种清单代前天“它代本”相应科目传票；业务行汇总昨天“本代它”所有业务凭证作为“本代它”清单附件交后督中心。

（8）监督中心事后监督后，将通存通兑传票返回业务行，由业务行归入相应科目。

二、通存通兑的业务处理

在发生通存通兑业务时，进行业务的营业网点为“业务行”，发生通存通兑业务的对公存款账户所在行为“账务行”。从业务的角度出发，通存通兑可以分为“本代它收”、“本代它付”、“它代本收”、“它代本付”四种情况。

（一）做业务时的处理

从业务行的角度出发，可以分为两种情况：

1. 本代它收

业务行账务：借：201 或相关科目
　　　　　　　贷：416 科目
账务行账务：借：416 科目
　　　　　　　贷：201 或相关科目

2. 本代它付

业务行账务：借：416 科目
　　　　　　　贷：201 或相关科目
账务行账务：借：201 或相关科目
　　　　　　　贷：416 科目

其中 416 科目的分录由电脑自动补记。

（二）日终对账时的处理

通存通兑处理中，当天账务行没有业务处理，业务行看到的会计分录如下：

1. 本代它收

借：201 或相关科目
　贷：416 科目

2. 本代它付

借：201 或相关科目
　贷：416 科目

从上面可以看出，416 科目分录由电脑自动补记，不参与对账。账务行科目被业务行当做本营业网点账务进行对账。因此，营业网点当日日终的业务对账单包括了本代它的账务，不包括它代本的账务。

（三）次日处理

各营业网点在次日打印出该网点的“日计表”和“科目日结单”，同时打印出昨日通存通兑的各种报表，作为昨日清算科目、准备金科目、汇差科目的传票。同时营业网点应校验：

科目日结单＝昨日业务对账单＋它代本－本代它

三、通存通兑资金清算

每个营业网点统一使用416科目，下设通存通兑往来户和资金清算户。

每日终了，市行中心机房打印各类账表，轧平全辖账务。

市行中心机房按支行设立通存通兑资金清算账户，根据全辖通存通兑轧差平衡表进行资金划转。各支行以市行清算中心为清算对象，支行之间不直接划转。

每日全辖营业终了，中心机房根据通存通兑往来户的发生情况，做资金清算户和准备金户之间的资金清算，并入当日营业网点的账务。次日反映在日计表中，并提供通存通兑清算传票的打印。

次日，总行和各级营业网点以“通存通兑轧差表”补制416汇差科目和40701、40702准备金户传票。

次日，各级营业网点以“通存通兑交易明细表”代416科目昨日发生传票。

第八节　系统管理说明

一、精确度要求

（1）金额精确度：账户金额、余额精确到分位，分段利息余额计算到厘位，在计息模块中，所有的计息分段中间结果算至小数点后第三位，最后取利息时，四舍五入为两位写库。

（2）时间精度要求：开、销户日期要求到日，即××××年××月××日。交易日志中每笔交易时间精确到秒，即××××年××月××日××时××分××秒。

二、贮存的文件

按照有关规定，需保存的历史文件主要如下：

1. 需存盘的计算机文件

（1）交易日志；

（2）销户清单；

（3）满页账文件；

（4）定期客户文件明细；

（5）活期客户文件明细。

2. 属永久保存的实物凭证

（1）客户印鉴的挂失申请书、挂失登记簿、不动户档案；

（2）有价单证销毁清单、会计移交清单；

（3）开、销户清单、会计档案销毁清单；

（4）每日打印的特殊业务清单；

（5）应急付款业务登记簿；

（6）操作员的磁卡、代码登记簿、年终决算报表。

3. 属年限保存的实物凭证

（1）会计凭证及附件（15 年）；

（2）总账、各类明细分户账（15 年）；

（3）对公月报表、半年报（15 年）；

（4）余额表（5 年）；

（5）其他登记簿、对公营业日报表（5 年）。

三、贮存的时间和方式

1. 交易日志

每天日终业务结束后，用磁带机将当日的交易日志的全部内容记入磁带。存放交易日志的磁带专用，顺序录入，并分别注明名称、编号、起止时间。

2. 销户清单

客户文件销户后，不立即从数据库中清除，而应先放入销户未清库文件库中暂存，便于在近期内直接在终端上查询。所有系统数据一周全部备份一次，永久保存。

第九节　对公业务操作

一、操作流程概述

（一）完成日常各项业务操作

1. 开账户

（1）客户首次来银行办理业务，操作员必须首先进行“新开客户”的业务操作，为客户开立对公客户号。如果该客户已经有客户号和预开账户，则可直接办理业务。

（2）进行“开存款账户”的业务操作，为客户预开账户。该操作不涉及账务处理，只是开立一个预设账户。客户可在当时或日后通过多种方式激活该账户，采用的方式有活期现金存款、账户转账，定期现金存款、转账等。

2. 同城交换

（1）支行营业部。

①早上开始办理业务后，收到客户存入的转账支票时，操作员进行“提出代付录入”和“提出代收录入”的业务操作，将票据相关信息录入系统，并换人复核，完成记账处理。

②上午9时左右，交换员从人民银行回来后，综合员审核提入代付和提入代收票据（一交票据），无误后在系统内进行“提入代付录入复核”和“提入代收录入复核”的业务操作，如有提入对方行的退票，则在系统内进行“提出代付退票”或“提出代收退票”的业务操作，并做好记录。

如遇有需退票的，则电话通知对方行后在系统内进行“提入代付退票”和“提入代收退票”的业务操作，做好记录后将票据交交换员。

如接到对方行电话通知退票，则登记退票登记簿后进行“提出代付暂缓入账”的业务操作。

③中午交换员进行二次交换前，操作员进行“交换场次切换”的业务操作，将交换场次切换为“2”，根据实际核打票据（当日二交前所有能参加二交的提出票据）的数据录入相关要素，执行后如果与系统内数据相符，则完成场次切换，如若不符则失败。须重新查找原因，再次进行场次切换。

④下午交换员从人民银行回来后，操作员再进行第二步的业务操作（二交票据）。

⑤进行“提出代付批量入账”的业务操作，将上场次所有已交换未暂缓的提出代付票据进行批量入账，即一交提出代付批量入账。

⑥下午4时左右，操作员再进行一次“切换交换场次”的业务操作，将交换场次切换为次日“1”场。

⑦进行第五步的业务操作，二交批量入账。

⑧每天要进行两次“同城资金清算”的业务处理，分别清算当天一交和二交的提出提入差额。该交易操作时间不固定，只要该场提出提入业务均已完成，当天的任何时间进行清算都可以。

（2）营业网点。

①早上开始办理业务后，收到客户存入的转账支票时，操作员进行“提出代付录入”和“提出代收录入”的业务操作，将票据相关信息录入系统，并换人复核，完成记账处理。

②上午10时左右操作员进行“交换场次切换”的业务操作，将交换场次切换为“2”，根据实际核打票据（当日二交前所有能参加二交的提出票据）的数据录入相关要素，执行后如果与系统内数据相符，则完成场次切换，如若不符则失败。须重新查找原因，再次进行场次切换。完成后将该批提出票据送支行营业部。

③综合员审核提入代付和提入代收票据（一交票据），无误后在系统内进行“提入代付录入复核”和“提入代收录入复核”的业务操作，即时入账。

如有提入对方行的退票，则在系统内进行“提出代付退票”或“提出代收退票”的业务操作，并做好记录。

如遇有需退票的，则电话通知对方行后在系统内进行“提入代付退票”和“提入代收退票”的业务操作，做好记录后将票据交交换员。

如接到对方行电话通知退票，则登记退票登记簿后进行“提出代付暂缓入账”的业务操作。

④中午11时或下午2时左右，操作员进行“提出代付批量入账”的业务操作，将上场次前所有已交换未暂缓的提出代付支票进行批量入账，即时入客户账户。

⑤下午3时左右，进行“切换交换场次”的业务操作，将交换场次切换为次日“1”场（同第2步）。

⑥重复进行第三步的操作（二交票据）。

⑦下午4时左右，再进行一次第四步，即时入客户账。

⑧每天要进行两次“同城资金清算”的业务处理，分别清算当天一交和二交的提出提入差额。该交易操作时间不固定，只要该场提出提入业务均已完成，当天的任何时间进行清算都可以。

（二）退出系统

结束一天的业务后，操作员要进行日终处理，包括尾箱平账、现金入库、库钱箱轧账、启动报表系统中的：柜员平账、部门平账五项内容。

（1）钱箱轧账打印出“柜员钱箱轧账单”，包括当日该柜员现金、凭证的领用、上缴、入库、出库及余额数。利用钱箱轧账可以查询现金及凭证数。该项操作每天可多次使用。

（2）柜员钱箱现金入库，必须保证柜员轧账时柜员钱箱为零。

（3）库钱箱轧账打印出“库钱箱轧账单”，和柜员钱箱轧账单反映的内容和种类是一样的，只是反映的主体不同，一个是库钱箱，一个柜员钱箱。每天可以多次使用。

（4）柜员轧账打印出“柜员轧账单”，包括该柜员当日活动的借贷方发生额、开销户数及余额。原则上每天只能操作一次。

（5）网点轧账打印出“网点轧账单”，反映网点科目结账。每天只能操作一次。

网点轧账后不可以再进行业务操作。如果有问题需要操作，必须由市行中心机房解锁。

轧账完成后，结束全天业务日终处理。

二、一般通用操作

（1）在使用支票的业务窗口，录入支票号码，对于尚未出售给客户的支票，包括支票的领用、下发、出售必须严格输入支票的批号和支票号码（罗马数字Ⅰ、Ⅱ、Ⅲ、Ⅳ、Ⅴ、Ⅵ、Ⅶ、Ⅷ、Ⅸ、Ⅹ、Ⅺ、Ⅻ分别对应阿拉伯数字1、2、3、4、5、6、7、8、9、10、11、12）。

（2）系统运行初期，由于对客户手中的支票无法全额登记，则对支票号码不进行控制，凭证类型选择“其他”。对新出售的支票，必须严格在电脑中登记。系统运行一段时间后，启动对支票的控制系统，必须录入全部8位支票号码。

（3）进行具体业务操作时，若该交易不需要录入密码，请在界面找到“印鉴类别”项，选择C（无限制）或D（印鉴）。

（4）所有复核业务需换人进行操作。新系统下所有操作员同时既是记账员又是复核员，复核时不必退出系统，直接将票据交另一操作员复核即可。

（5）操作界面上写有“F9复核……”的，需由高级别操作员进行授权后方可执行。

（6）任何时候，若打印出现故障不能再进行处理，请先退出本系统后再进入，进行“重打最后交易”的操作，补打故障前未打印的交易。还不能解决问题的，请联系系统管理员。

（7）任何时候，若与市行主机通讯出现故障，系统报错，退出本系统后再进入。若出现故障很长时间，并且系统不报错，直接关机后再重新进入。

第十节　通用模块

一、通用记账

（一）表内通用记账

该交易用于综合类账户（内部账户）记账的业务处理。

1. 系统界面的进入

在主界面下选择：“通用模块”→“通用记账”→“表内通用记账”。

2. 操作说明

（1）录入要素为交易码、账号、凭证类别、凭证号、借贷、金额。

（2）交易码包括 TR 转账、CS 现金、ST 冲转。此为必选项。

（3）录入账号后系统自动显示对应账户名称。

（4）凭证类别包括 CCKZ 现金支票、TCKZ 转账支票、OTHER 其他。选择一定的凭证类别（除了 OTHER）时，必须录入相应的凭证号码。

（5）选择借贷标志并分别录入借贷方金额后，界面上方出现对应记录及借贷差额，回车确认入账。

（6）借贷差额为零时，套账方允许提交。

（7）操作员发现已录入的记录有误时，在执行前可在上部方框中选择该记录，回车后该记录回到录入状态，可对其进行修改。或者选定记录后按 delete 键删除，再重新录入。

（二）表外通用记账

该交易用于不进行管理的重要空白凭证（除支票、单位定期存款开户证实书）、其他表外科目（除 705）记账的业务处理。

1. 系统界面的进入

在主界面下选择：“通用模块”→“通用记账”→“表外通用记账”。

2. 操作说明

（1）录入要素为账号、收付、金额。

（2）账号为表外账户的内部账号，录入后回车，系统自动显示对应账户名称。

（3）收付包括 RV 收、PY 付。

二、信息维护

（一）公司客户维护

该交易用于对全行所有客户常规信息进行修改的业务处理。

1. 系统界面的进入

在主界面下选择：“通用模块”→“信息维护”→“公司客户维护”。

2. 操作说明

（1）录入客户号后回车，系统将输出该客户的有关信息。

(2) 除客户号、企业性质、客户名称、证件类别以外，其他信息都可以进行维护。

(3) 身份证号码的维护不能与系统已有的号码重复。

(4) 可以对全行所有客户的相关信息进行维护。

(5) 本交易属于特殊业务需授权。

(二) 表内账户信息维护

该交易用于对本部门表内账户基本信息进行修改的业务处理。

1. 系统界面的进入

在主界面下选择："通用模块"→"信息维护"→"表内账户信息维护"。

2. 操作说明

(1) 账号为本部门表内账号，录入后回车，系统将输出该账户的有关信息。

(2) 可对账户名称、通存通兑标志、自动转存标志、最低余额、透支额度、账户标志进行维护。

(3) 账户标志的维护不能与系统已有的基本户重复。

(4) 本交易属于特殊业务需授权。

(三) 表外账户信息维护

该交易用于表外账户开户时，名称录入错误需进行修改的业务处理。

1. 系统界面的进入

在主界面下选择："通用模块"→"信息维护"→"表外账户信息维护"。

2. 操作说明

(1) "账号"必须是本部门的表外账号，录入后回车，系统将输出该账户的有关信息。

(2) 只能维护"账户名称"。

三、内部账户维护

(一) 综合账户开户

开立综合账户（亦称内部账户）。综合账户账号由 15 位数字组成：1

位数字9+4位部门号+2位币种+3位业务代码+5位账号后缀。只能开本部门综合账户。

1. 系统界面的进入

在主界面下选择："通用模块"→"内部账户维护"→"综合账户开户"。

2. 操作说明

（1）录入要素为业务代码、对方账户部门、账户后缀、账户名称。

（2）业务代码为银行内部使用的3位科目代码，录入后回车，系统自动显示对应代码名称。此为必输项。

（3）"对方账户部门"仅限市行营业部开设40705账户时使用，其他情况不必录入。

（4）"账户后缀"由各网点在允许范围内（会计业务规范中规定）自己选择。回车后系统自动显示该业务代码及账户后缀所对应的15位内部账号。此项一般情况下可不输，回车后由系统自动生成一个新的账户账号。如系统自动生成的账号不能用时，可以此项输入一个指定账号后缀。账号后缀定义规则：

①普通内部账户为5位顺序号；

②市行针对各支行的40705科目综合账号后缀由2位支行号+3位顺序号组成。

（5）账户名称由各网点根据所设"账户后缀"自行注解。

（6）计息标志设置综合账户是否要计息。注意：上存下拨户不能设为计息，上存下拨户的利息在支取归还时按合同即时计算。否则在全行统一计息时会产生重复计息。

（二）内部账户销户

该交易用于网点将根据本部门实际情况自行开设的内部账户销户的业务处理。

1. 系统界面的进入

在主界面下选择："通用模块"→"内部账户维护"→"内部账户销户"。

2. 操作说明

（1）录入要素为销户账号和销户状态，均为必输项。

（2）销户账号为本部门内部账户，录入后回车，系统检索输出对应的"账户名称"。

（3）进行销户的账户必须无余额、无积数。

（4）销户状态包括关闭和销账。关闭后该账户不可再使用，隔日销账后可重新使用该账户后缀开立新户。

（5）网点自行开设的内部账户可以销户，全行统一开设的内部账户不允许销户。

（三）上存下拨合同发放（由市行营业部操作）

上存下拨合同发放即《资金拆借协议书》发放，协议书经计划部门审批后，计划部门向总行清算中心发出《拆出拆入（调出调入）资金调拨单》，清算中心根据协议书和调拨单入账。

该交易用于支行与市行之间资金拆借合同发放的业务处理。

1. 系统界面的进入

在主界面下选择："通用模块"→"内部账户维护"→"上存下拨合同发放"。

2. 操作说明

（1）录入要素为合同部门、资金账号、合同种类、存期、利率、交易金额，均为必输项。

（2）合同部门为对应的支行营业部部门号代码。

（3）资金账号为对应支行在市行营业部的资金账户（综合账户）。

（4）合同种类包括479上存、477下拨。

（5）利率合同指定的月利率，只做参照用，在实际支取归还时按当时输入的利率计算利息。

3. 账务处理

市行自动为支行对应账户转账，市行和支行同时记账。每晚系统自动清算。

（1）上存：

市行：

借：416（系统内往来）

　　贷：40709（总行借入资金）

支行：

借：40710（支行借出资金）

　　贷：416（系统内往来）

（2）下拨：

市行：

借：40707（总行借出资金）

贷：416（系统内往来）

支行：

借：416（系统内往来）

贷：40708（支行借入资金）

（四）上存下拨合同查询（由市行营业部操作）

该交易用于支行与市行之间资金拆借合同发放的查询业务

1. 系统界面的进入

在主界面下选择："通用模块"→"内部账户维护"→"上存下拨合同查询"。

2. 操作说明

（1）录入要素为合同种类、合同部门，均为必输项。

（2）合同种类上存、下拨。

（3）合同部门为对应的支行营业部代码。

（五）内部下拨户归还（由市行营业部操作）

该交易用于下拨资金归还的业务处理。

1. 系统界面的进入

在主界面下选择："通用模块"→"内部账户维护"→"内部下拨户归还"。

2. 操作说明

（1）录入要素为合同部门、合同序号、是否结清、资金账号、利率、交易金额，均为必输项。

（2）合同部门为对应的支行营业部代码。

（3）是否结清包括 0 否、1 是。当交易金额等于下拨金额时，选择"是"，否则选择"否"。

（4）资金账号为支行在市行营业部的对应资金账户。

（5）利率为该笔资金归还时的月利率，一般情况下按合同利率输入。

（6）利息计算按合同实际发放日到当日的实际天数计算（算头不算尾），计算公式如下：

$$利息=合同发放日到当日的天数\times 月利率\times 发生额\div 30000$$

3. 账务处理

市行自动为支行记账，市行和支行同时记账。每晚系统自动清算。

市行：

借：416（系统内往来）

贷：40707（总行借出资金）

贷：502 系统内往来利息收入（527 拆放系统内往来利息收入）

支行：

借：40708（支行借入资金）

借：522 系统内往来利息支出（549 拆放系统内往来利息支出）

贷：416（系统内往来）

（六）内部上存户支取（由市行营业部操作）

该交易用于上存资金支取的业务处理。

1. 系统界面的进入

在主界面下选择："通用模块"→"内部账户维护"→"内部上存户支取"。

2. 操作说明（同内部下拨户归还 1225）

3. 账务处理

市行自动为支行记账，市行和支行同时记账。每晚系统自动清算。

市行：

借：40709（总行借入资金）

借：522 系统内往来利息支出（549 存放系统内往来利息支出）

贷：416（系统内往来）

支行：

借：416（系统内往来）

贷：40710（476 支行借出资金）

贷：502 系统内往来利息收入（527 存放系统内往来利息收入）

四、账户维护

（一）账户部分冻结

1. 系统界面的进入

在主界面下选择："通用模块"→"账户维护"→"账户部分冻结"。

2. 操作说明

（1）录入要素为账号、冻结截止日、冻结金额、冻结原因、ID 类别、

ID 号、摘要。

（2）账号必须是本部门对公存款账户。此为必输项。

（3）冻结金额必须小于或等于账面余额。多次部分冻结，冻结金额累加。此为必输项。

（4）冻结原因包括 A 书面冻结、B 立案冻结、C 抵押冻结、D 待处理错账、E 其他冻结、F 信用卡冻结。

（5）ID 类别为冻结执行人的证件，包括 G 营业执照、Z 其他、A 身份证、B 护照。如果选择了“ID 类别”，则必须录入对应“ID 号”。

（6）摘要处录入冻结执行部门或其他备注事项。

（7）部分冻结的账户，到期后系统进行自动解冻。

（二）账户部分解冻

该交易用于部分冻结账户未到冻结截止日而进行解冻的业务处理。

1. 系统界面的进入

在主界面下选择：“通用模块”→“特殊业务”→“账户维护”→“账户部分解冻”。

2. 操作说明

（1）录入要素为账号、解冻金额、ID 类别、ID 号、摘要。

（2）账号必须是本部门已部分冻结账户。此为必输项。

（3）解冻金额必须等于该账户部分冻结时的冻结金额。如果屏幕上方账户信息中“冻结金额”为累加金额，则解冻必须分次进行，分别录入每次部分冻结的金额。

（4）ID 类别为解冻执行人的证件类别，包括 G 营业执照、Z 其他、A 身份证、B 护照。如果选择了“ID 类别”，则必须录入对应“ID 号”。

（5）摘要处录入其他备注事项。

（三）账户冻结

1. 系统界面的进入

在主界面下选择：“通用模块”→“账户维护”→“账户冻结”。

2. 操作说明

（1）录入要素为账号、冻结截止日、冻结原因、摘要。

（2）账号必须为本部门对公账户。此为必输项。

（3）冻结原因包括 A 书面冻结、B 立案冻结、C 抵押冻结、D 待处理错账、E 其他冻结、F 信用卡冻结。

（4）摘要为其他备注事项。

（5）冻结交易完成后，该账户全部冻结，只进不出。冻结期间内如有进账，同为冻结状态。

（6）冻结账户到期后系统自动解冻。

（四）账户解冻

该交易用于冻结账户未到冻结截止日而进行解冻的业务处理。

1. 系统界面的进入

在主界面下选择："通用模块"→"账户维护"→"账户解冻"。

2. 操作说明

（1）录入要素为账号、ID类别、ID号、摘要。

（2）账号必须为本部门冻结账户。此为必输项。

（3）ID类别为解冻执行人的证件类别，包括G营业执照、A身份证、B护照、Z其他。如果选择了"ID类别"，则必须录入对应"ID号"。

（4）摘要为其他备注事项。

（五）冲销户

1. 系统界面的进入

在主界面下选择："通用模块"→"账户维护"→"冲销户"。

2. 操作说明

（1）录入账号后回车，界面上部将显示该账户的有关信息，操作员必须将其与实际账户信息进行核对，无误后方可执行操作。

（2）冲销户是对销户操作的冲销，该账户必须为关闭状态。操作完毕，账户状态改为正常。

（3）该交易完成后原销户时作废的凭证重新被激活。

（六）睡眠户激活

该交易用于激活要重新活动的睡眠户的业务处理。由于系统不自动将账户转为睡眠户，睡眠户的处理都通过通用记账处理，此功能没有实际作用。

1. 系统界面的进入

在主界面下选择："通用模块"→"账户维护"→"睡眠户激活"。

2. 操作说明

（1）录入要素为账号、ID类别、ID号。

（2）账号必须为本部门对公账号。

（3）ID类别包括G营业执照、Z其他、A身份证、B护照。

（4）该账户必须为睡眠状态，即1年或1年以上没有活动的账户。

五、交易维护

（一）冲账

该交易用于对账务冲销的业务处理，新系统中采用套账制，错账不允许抹账，必须通过冲账交易来完成。

1. 系统界面的进入

主界面下选择："通用模块"→"交易维护"→"冲账"。

2. 操作说明

（1）录入错账日期和流水号并回车，系统将检索输出该业务记录的有关信息，操作员将其与实际账务信息核对，无误后方可确认执行。其中流水号为错账的交易流水。

（2）系统自动调整账户的利率积数。若因余额不足、积数无法调整等情况，系统将予以提示，必须进行手工调整积数或暂时不进行冲账。

（3）系统允许隔日冲账。

（4）隔日冲账交易需手工填制红字传票。

（二）补账

1. 系统界面的进入

在主界面下选择："通用模块"→"交易维护"→"补账"。

2. 操作说明

（1）录入要素为错账日期、错账流水、交易码、账号、借贷、金额，均为必输项。其中错账流水为错账的交易流水，交易码包括TR转账和CS现金。

（2）录入错账信息后，开始录入补账的账务记录，其记录方法与通用记账方法一样（套账记录）。

（3）非当日记账错误用补账方法，才可进行积数调整。

（三）串户冲补账

该交易用于串户后冲补账的业务处理。

1. 系统界面的进入

在主界面下选择："通用模块"→"交易维护"→"串户冲补账"。

2. 操作说明

（1）录入要素为错账日期、错账流水、交易码、借贷、账号、红蓝字、金额，均为必输项。其中错账流水为错账的交易流水，交易码包括TR转账，红蓝字包括D蓝、C红。

（2）串户冲补账是进行串户的单边冲补账，录入错账日期和错账流水后，开始录入分录信息。首先在"借贷"中选择要冲补账一方的借贷标志，然后分别录入错误和正确的账号、红蓝标志及金额。"红蓝字"中错误账号选择红，正确账号选择蓝，红蓝金额应一致。

（3）本功能实现冲补账同时完成，允许一红多蓝或一蓝多红，同时单边冲补账也弥补了冲套账的缺点。

（四）差额冲正

该交易用于交易金额出错后冲补账的业务处理。

1. 系统界面的进入

在主界面下选择："通用模块"→"交易维护"→"串户冲补账"。

2. 操作说明

（1）录入要素为"错账日期"、"错账流水"、"交易码"、"借贷"、"账号"、"红蓝字"、"金额"，均为必输项。其中"错账流水"为错账的交易流水，"交易码"包括TR转账，"红蓝字"包括D蓝、C红。

（2）差额冲正是进行差额的冲补账，录入"错账日期"和"错账流水"后，开始录入分录信息。首先在"借贷"中选择要冲补账一方的借贷标志，然后分别录入账号、红蓝标志及金额。"红蓝字"中差额为负时选择红，差额为正时选择蓝。

（3）本功能实现冲补账同时完成。

六、凭证管理

（一）凭证领入

该交易用于财会部购买支票后录入系统、支行从财会部或网点从支行领入凭证的业务处理。

1. 系统界面的进入

在主界面下选择："通用模块"→"凭证管理"→"凭证领入"。

2. 操作说明

（1）录入要素为凭证种类、开始号码、结束号码、凭证张数，均为必输项。

（2）凭证类别包括 CCKZ 现金支票、TCKZ 转账支票、PYCK 内部往来科目报单、YHBP 本票、TYHK 特约汇款证、TYHP 特约联行汇票、YHHP 银行承兑汇票、SYHP 商业承兑汇票、CNFX 单位定期存款开户证实书、QYJB 全国联行邮划借方报单、QYDB 全国联行邮划贷方报单、QDDB 全国联行电划贷方报单、TYJB 特约联行邮划借方报单、TYDB 特约联行邮划贷方报单、TTDB 特约联行电划贷方报单、DWDQ 单位可转让定期存单、GQZM 股权证明书、GHHP 代理工行汇票、JHHP 代理建行汇票、JHWT 建行汇票委托书。

（3）开始号码、结束号码必须录入包括批号在内完整的 8 位凭证号码。

（4）凭证领入数量与起始号码匹配，以张计数。

（二）取消凭证领入

该交易用于对凭证领入操作的取消。

1. 系统界面的进入

在主界面下选择："通用模块"→"凭证管理"→"取消凭证领入"。

2. 操作说明

（1）录入要素为凭证种类、开始号码、结束号码，均为必输项。其中凭证种类同凭证领入。

（2）开始号码、结束号码必须录入包括批号在内完整的 8 位凭证号码。

（3）取消的凭证必须是本部门已领入但未出库的凭证。

（4）取消凭证领入不控制数量，以张计数。

（三）凭证下发（由财会部或支行营业部操作）

该交易用于财会部将凭证下发到支行或支行将领入凭证下发到所属网点的业务处理。

1. 系统界面的进入

在主界面下选择："通用模块"→"凭证管理"→"凭证下发"。

2. 操作说明

（1）录入要素为凭证种类、下发部门、开始号码、结束号码，均为必输项。其中凭证种类同凭证领入。

（2）开始号码、结束号码必须录入完整的8位凭证号码。

（3）下发的凭证必须是本部门已领入的凭证。

（4）凭证下发不控制数量，以张计数。

（四）取消凭证下发

该交易用于对凭证下发操作的取消。

1. 系统界面的进入

在主界面下选择："通用模块"→"凭证管理"→"取消凭证下发"。

2. 操作说明

（1）录入要素为凭证种类、下发部门、开始号码、结束号码，均为必输项。其中凭证种类同凭证领入。

（2）下发部门为凭证已下发到的下级部门。

（3）开始号码、结束号码必须录入包括批号在内完整的8位凭证号码。

（4）取消下发的凭证必须是本部门已下发但下级部门未领用的凭证。

（5）取消下发的凭证不控制数量，以张计数。

七、凭证挂失

（一）凭证挂失

1. 系统界面的进入

在主界面下选择："通用模块"→"凭证挂失解挂"→"凭证挂失"。

2. 操作说明

（1）录入要素为账号、ID类别、ID号、挂失种类。

（2）账号必须是本部门对公账号。

（3）ID类别包括G营业执照、Z其他、A身份证、B护照。

（4）挂失种类包括A书面挂失、K口头挂失。

（二）凭证解挂（不换凭证）

该交易用于挂失凭证已找回，对该凭证进行解挂的业务处理，解挂后不换新凭证，系统自动激活原凭证。

1. 系统界面的进入

在主界面下选择："通用模块"→"凭证挂失解挂"→"凭证解挂（不换凭证）"。

2. 操作说明（同凭证挂失）

（三）凭证解挂（换凭证）

该交易用于存单挂失到期后解挂的业务处理，原挂失存单作废，更换新存单。

1. 系统界面的进入

在主界面下选择："通用模块"→"凭证挂失解挂"→"凭证解挂（换凭证）"。

2. 操作说明

（1）录入要素为账号、替换存单号、重复、ID 类别、ID 号。

（2）ID 类别同凭证挂失。

（四）换存单

该交易用于存单因污损等原因需要更换的业务处理。

1. 系统界面的进入

在主界面下选择："通用模块"→"凭证挂失解挂"→"换存单"。

2. 操作说明

录入要素为账号、原存单号、替换存单号、重复、ID 类别、ID 号，其中 ID 类别同凭证挂失。

八、支票管理

（一）支票出售

1. 系统界面的进入

在主界面下选择："通用模块"→"支票管理"→"支票出售"。

2. 操作说明

(1) 录入要素为账号、凭证类别、开始号码、结束号码、凭证张数、缴费类型。

(2) 账号必须是本部门对公账户，回车后系统将检索输出对应的账户名称。此为必输项。

(3) 凭证类别包括 CCKZ 现金支票、TCKZ 转账支票。

(4) 开始号码和结束号码必须录入包括批号在内的完整的 8 位号码。

(5) 出售的凭证必须是本部门已出库到本钱箱的凭证。

(6) 支票出售允许以张为单位，可以出售 1 ~25 张支票。

(7) 凭证出售张数为 1 时，开始号码和结束号码均录入该凭证号码。

(二) 取消支票出售

该交易用于对凭证出售取消的业务处理。

1. 系统界面的进入

在主界面下选择："通用模块" → "支票管理" → "取消支票出售"。

2. 操作说明

(1) 录入要素同凭证出售。

(2) 取消出售的凭证必须是已出售给该账户的支票。取消出售后，该支票状态返回到未出售状态，红字冲减 702 科目付出发生额。

(三) 支票挂失

该交易用于已出售但客户尚未使用的凭证挂失的业务处理。

1. 系统界面的进入

主界面下选择："通用模块" → "支票管理" → "支票挂失"。

2. 操作说明

(1) 录入要素为账号、凭证类别、挂失种类、开始号码、结束号码。

(2) 账号必须是本部门对公账户，录入后回车，系统将检索输出对应的账户名称。

(3) 凭证类别同凭证出售。

(4) 开始号码、结束号码必须录入包括批号在内的完整的 8 位号码。

(四) 取消支票挂失

该交易用于对已出售但客户尚未使用的挂失凭证解挂的业务处理。

1. 系统界面的进入

在主界面下选择："通用模块"→"支票管理"→"支票取消支票挂失"。

2. 操作说明（同支票挂失）

（五）支票核销

该交易用于将需作废凭证进行手工核销的业务处理，核销的凭证必须是该账户未使用的凭证，核销后不能再使用。

1. 系统界面的进入

在主界面下选择："通用模块"→"支票管理"→"支票核销"。

2. 操作说明（同支票挂失）

（六）取消支票核销

该交易用于将已核销的凭证取消核销的业务处理，取消支票核销后支票可再使用。

1. 系统界面的进入

在主界面下选择："通用模块"→"支票管理"→"取消支票核销"。

2. 操作说明（同支票挂失）

九、操作员管理

（一）操作员密码修改

操作员对应有唯一的密码，每次进入系统时，系统将校验密码，为确保操作安全，操作员应定期修改自己的操作密码。

1. 系统界面的进入

在主界面下选择："通用模块"→"操作员管理"→"操作员密码修改"。

2. 操作说明

（1）录入要素为操作员、卡号、旧密码、新密码、新密码重复。

（2）操作员录入要修改密码的操作员号码。

（3）卡号为操作员对应柜员卡卡号，没有柜员卡的可不必录入卡号。

（4）分别录入旧密码和两次新密码，执行后系统进行校验，校验正确则密码修改成功。新密码修改后，老密码不再有效。

（5）所有项目均为必输项。

（二）操作员密码挂失

1. 系统界面的进入

在主界面下选择："通用模块"→"操作员管理"→"操作员密码挂失"。

2. 操作说明

（1）录入要素为操作员、摘要。

（2）"操作员"录入要挂失密码的操作员号码。

（3）挂失后如要解挂必须由中心机房处理。

十、钱箱管理

（一）凭证出库

该交易用于网点操作员对总行下发到支行库钱箱的凭证进行领用的业务处理，由柜员操作，操作完成后该批凭证进入相应操作员钱箱。

1. 系统界面的进入

在主界面下选择："通用模块"→"钱箱管理"→"凭证出库"。

2. 操作说明

（1）录入要素为出库种类、起始号码、结束号码、金额，均为必输项。

（2）出库种类包括 CCKZ 现金支票、TCKZ 转账支票、PYCK 内部往来科目报单、YHBP 本票、TYHK 特约汇款证、TYHP 特约联行汇票、YHHP 银行承兑汇票、SYHP 商业承兑汇票、CNFX 单位定期存款开户证实书、QYJB 全国联行邮划借方报单、QYDB 全国联行邮划贷方报单、QDDB 全国联行电划贷方报单、TYJB 特约联行邮划借方报单、TYDB 特约联行邮划贷方报单、TTDB 特约联行电划贷方报单、DWDQ 单位可转让定期存单、GQZM 股权证明书、GHHP 代理工行汇票、JHHP 代理建行汇票、JHWT 建行汇票委托书。

（3）凭证出库时，起始号码、结束号码必须录入包括批号在内的完整的 8 位号码。

（4）金额处录入凭证数量，凭证不控制数量，以张为单位。

（二）凭证入库

该交易用于对已出库到柜员钱箱的凭证进行上缴的业务处理，由柜员操作，操作完成后该批凭证从柜员钱箱进入网点库钱箱。

1. 系统界面的进入

在主界面下选择："通用模块"→"钱箱管理"→"凭证入库"。

2. 操作说明（同凭证出库）

（三）现金出库

该交易用于网点操作员对支行库钱箱的现金进行领用的业务处理，由柜员操作，操作完成后该批现金进入相应操作员钱箱。

1. 系统界面的进入

在主界面下选择："通用模块"→"钱箱管理"→"现金出库"。

2. 操作说明

录入要素为货币、金额，均为必输项。

（四）现金入库

该交易用于网点操作员对操作员钱箱的现金进行上缴的业务处理，由柜员操作，操作完成后该批现金进入支行库钱箱。

1. 系统界面的进入

在主界面下选择："通用模块"→"钱箱管理"→"现金入库"。

2. 操作说明

录入要素为货币、金额，均为必输项。

（五）增加钱箱

该交易用于网点增加钱箱的业务处理。

1. 系统界面的进入

在主界面下选择："通用模块"→"钱箱管理"→"增加钱箱"。

2. 操作说明

（1）录入要素为钱箱号、钱箱名称。

（2）钱箱号的编码方式由财会部统一规定，按支行编号。

（3）钱箱名称为该钱箱对应的标识。

（六）凭证作废

该交易用于柜员钱箱中凭证作废的业务处理。被作废凭证必须是尚未出售的凭证，作废时，必须首先进行“凭证入库”的操作，将欲作废凭证入库到网点库钱箱，然后退出系统不输入钱箱号重新登录，才可以进行凭证作废处理。

1. 系统界面的进入

在主界面下选择：“通用模块”→“钱箱管理”→“凭证作废”。

2. 操作说明

（1）录入要素为凭证种类、开始号码、结束号码。

（2）凭证种类包括 CCKZ 现金支票、TCKZ 转账支票、PYCK 内部往来科目报单、YHBP 本票、TYHK 特约汇款证、TYHP 特约联行汇票、YHHP 银行承兑汇票、SYHP 商业承兑汇票、CNFX 单位定期存款开户证实书、QYJB 全国联行邮划借方报单、QYDB 全国联行邮划贷方报单、QDDB 全国联行电划贷方报单、TYJB 特约联行邮划借方报单、TYDB 特约联行邮划贷方报单、TTDB 特约联行电划贷方报单、DWDQ 单位可转让定期存单、GQZM 股权证明书、GHHP 代理工行汇票、JHHP 代理建行汇票、JHWT 建行汇票委托书。

（3）开始号码、结束号码必须录入包括批号在内完整的 8 位号码。

（七）有价凭证查询

该交易用于操作员对本钱箱有价凭证期初余额、当日出入库、收付数及余额情况查询的业务处理。

1. 系统界面的进入

在主界面下选择：“通用模块”→“钱箱管理”→“现金有价凭证查询”。

2. 操作说明

查询种类包括 CCKZ 现金支票、TCKZ 转账支票、PYCK 内部往来科目报单、YHBP 本票、TYHK 特约汇款证、TYHP 特约联行汇票、YHHP 银行承兑汇票、SYHP 商业承兑汇票、CNFX 单位定期存款开户证实书、QYJB 全国联行邮划借方报单、QYDB 全国联行邮划贷方报单、QDDB 全国联行电划贷方报单、TYJB 特约联行邮划借方报单、TYDB 特约联行邮划贷方报单、TTDB 特约联行电划贷方报单、DWDQ 单位可转让定期存单、GQZM 股权证明书、GHHP 代理工行汇票、JHHP 代理建行汇票、JHWT 建行汇票委托书。

（八）日终轧账

该交易用于操作员对本钱箱当日凭证核对轧平的业务处理。

1. 系统界面的进入

在主界面下选择："通用模块"→"钱箱管理"→"日终轧账"。

2. 操作说明

（1）进入"钱箱轧账"界面后回车，系统显示钱箱的现金有价凭证总信息：种类、币种、上日余额、出库金额、入库金额、收入金额、付出金额、余额。

（2）本交易每日可多次进行，方便操作员随时核对钱箱中现金有价凭证。

第十一节　信息查询

一、客户查询

（一）客户综合查询

1. 系统界面的进入

在主界面下选择："信息查询"→"客户查询"→"客户综合查询"。

2. 操作说明

（1）录入要素为客户名称、证件类型、证件号码、开户起始日、开户结束日、起始客户号。

（2）证件类型包括 G 营业执照、A 身份证、Z 其他。

（3）录入项目均为可选项，可以录入其中的一条或几条进行模糊查询，它们之间为并且关系，录入查询条件后回车，可以输出所有符合条件的客户信息。

（4）通过左右箭头可将光标移动到某条输出信息上，回车后可查询该信息的明细情况。

（二）公司客户查询

1. 系统界面的进入

主界面下选择："信息查询"→"客户查询"→"公司客户查询"。

2. 操作说明

录入客户号后回车，系统输出该客户明细常规信息。

二、账户查询

（一）表内账户综合查询

1. 系统界面的进入

在主界面下选择："信息查询"→"账户查询"→"表内账户综合查询"。

2. 操作说明

（1）录入要素为查询方式：科目、客户号/账号、客户名。

（2）查询方式包括1科目、2客户号、3客户名，选定其一后必须录入相关科目、客户号或客户名。

（3）可将光标移动到某条输出信息上，双击后可查询该信息的明细情况。

（4）只能查询本部门表内账户综合信息。

（二）表内账户明细查询

1. 系统界面的进入

在主界面下选择："信息查询"→"账户查询"→"表内账户明细查询"。

2. 操作说明

（1）录入15位账号后并回车，系统输出对应账户明细信息。

（2）只能查询本部门表内账户明细信息。

（三）表外账户综合查询

1. 系统界面的进入

在主界面下选择："信息查询"→"账户查询"→"表外账户综合查询"。

2. 操作说明

（1）录入要素为起始账号、开户起始日、开户结束日。

（2）录入项目均为可选项，可以录入其中的一条或几条进行模糊查询，它们之间为并且关系。

（3）可将光标移动到某条录入信息上，双击后可查询该信息的明细情况。

（4）只能查询本部门表外账户综合信息。

（四）表外账户明细查询

1. 系统界面的进入

在主界面下选择：“信息查询”→“账户查询”→“表外账户明细查询”。

2. 操作说明

（1）账号必须是本部门的表外账号，录入后回车显示该账户明细信息。

（2）只能查询本部门表外账户明细信息。

（五）账户积数查询

1. 系统界面的进入

在主界面下选择：“信息查询”→“账户查询”→“账户积数查询”。

2. 操作说明

（1）录入要素为起始账号、账户科目。

（2）录入项目均为可选项，可以录入其中的一条或几条进行模糊查询，它们之间为并且关系。

（3）只能查询本部门账户积数信息。

（六）冻结查询

1. 系统界面的进入

在主界面下选择：“信息查询”→“账户查询”→“冻结查询”。

2. 操作说明

（1）录入要素为账户部门、冻结用户、冻结起始日、冻结结束日。

（2）录入项目均为可选项，可以录入其中的一条或几条进行模糊查询，它们之间为并且关系。

（3）只能查询本部门冻结账户信息。

三、凭证查询

该交易只能查询本部门凭证。

（一）凭证综合查询

该交易用于对除支票外其他种类凭证进行查询的业务处理。

1. 系统界面的进入

在主界面下选择："信息查询"→"凭证查询"→"凭证综合查询"。

2. 操作说明

（1）录入要素为客户号、凭证类别、起始凭证号、起始日期、终止日期。

（2）凭证类别包括 PYCK 内部往来科目报单、YHBP 本票、TYHK 特约汇款证、TYHP 特约联行汇票、YHHP 银行承兑汇票、SYHP 商业承兑汇票、CNFX 单位定期存款开户证实书、QYJB 全国联行邮划借方报单、QYDB 全国联行邮划贷方报单、QDDB 全国联行电划贷方报单、TYJB 特约联行邮划借方报单、TYDB 特约联行邮划贷方报单、TTDB 特约联行电划贷方报单、DWDQ 单位可转让定期存单、GQZM 股权证明书、GHHP 代理工行汇票、JHHP 代理建行汇票、JHWT 建行汇票委托书。

（3）录入项目均为可选项，可以录入其中的一条或几条进行模糊查询，它们之间为并且关系。

（二）已出售支票查询（凭证号）

该交易用于查询已出售凭证所属账户信息的业务处理。

1. 系统界面的进入

在主界面下选择："信息查询"→"凭证查询"→"已出售支票查询（凭证号）"。

2. 操作说明

（1）录入要素为凭证类别、凭证号，均为必输项。

（2）凭证类别包括 CCKZ 现金支票、TCKZ 转账支票。

（3）凭证号必须是已出售凭证的号码，录入后回车可显示对应信息。

（三）已出售支票查询（账号）

1. 系统界面的进入

在主界面下选择："信息查询"→"凭证查询"→"已出售支票查询（账号）"。

2. 操作说明

（1）录入要素为凭证类别、账号，均为必输项。

（2）凭证类别包括 CCKZ 现金支票、TCKZ 转账支票。

（3）账号必须是本部门对公账户。

（四）支票库存查询

该交易用于查询本部门支票数量的业务处理。

1. 系统界面的进入

在主界面下选择："信息查询"→"凭证查询"→"支票库存查询"。

2. 操作说明

（1）录入要素为支票种类。

（2）支票种类包括 CCKZ 现金支票、TCKZ 转账支票。

（五）凭证下发查询

该交易用于财会部下发支票进行查询的业务处理。

1. 系统界面的进入

在主界面下选择："信息查询"→"凭证查询"→"凭证下发查询"。

2. 操作说明

（1）录入要素为凭证类别、查询部门。

（2）凭证类别包括 CCKZ 现金支票、TCKZ 转账支票。

四、交易信息查询

根据各种不同条件对交易进行查询，只能查询本部门各操作员交易信息。

（一）交易综合查询

该交易用于查询本部门选定日期所有交易的业务处理，输出内容按流水号排序。

1. 系统界面的进入

在主界面下选择："信息查询"→"交易信息查询"→"交易综合查

询”。

2. 操作说明

（1）录入要素为交易日期、交易种类、交易账号、交易用户、交易金额、起始流水号、终止流水号。

（2）交易日期默认为当日，可根据实际情况录入所需日期，此为必输项。

（3）交易种类包括01正常、02已冲账、03已补账。

（4）选择不同的交易用户，可查询不同操作员的交易记录。

（5）除交易日期外均为可选项，可以选择其中一条或几条进行模糊查询。

（6）通过左右箭头将光标移动到某条记录上并回车，可显示该记录对应的套账明细，即会计分录。

（二）交易账务查询

该交易用于查询单笔交易的套账信息，即会计分录。

1. 系统界面的进入

在主界面下选择：“信息查询”→“交易信息查询”→“交易账务查询”。

2. 操作说明

（1）录入要素为交易日期、交易流水号、账号、科目号、交易码、交易金额、操作员。

（2）交易日期为必输项。

（3）交易码包括全部、TR转账、CS现金。

（4）选择不同经办用户，可查询不同操作员的交易记录。

（5）除交易日期外均为可选项，可以选择其中一条或几条进行模糊查询。

（三）账户账务查询

该交易用于查询某账户选定日期内所有交易的业务处理。

1. 系统界面的进入

在主界面下选择：“信息查询”→“交易查询”→“账户账务查询”。

2. 操作说明

（1）录入要素为账号、交易起始日期，均为必输项。

（2）账号必须录入包括后缀的完整的15位号码。

（四）开销户查询

1. 系统界面的进入

在主界面下选择："信息查询"→"交易信息查询"→"开销户查询"。

2. 操作说明

（1）录入要素为查询类别、账号、起始日期、结束日期。

（2）查询类别包括1开户、0销户。

（3）录入项目均为可选项，可以录入其中的一条或几条进行模糊查询，它们之间为并且关系。

（五）支票交易查询

该交易用于查询已出售给客户并进行过交易的支票的信息。

1. 系统界面的进入

在主界面下选择："信息查询"→"交易查询"→"支票交易查询"。

2. 操作说明

（1）录入要素为凭证类别、凭证号码、开始日期。

（2）凭证类别包括CCKZ现金支票、TCKZ转账支票。

（3）凭证号码必须录入包括批号在内的完整的13位号码，此为必输项。

（4）只能查询本部门凭证。

第十二节　对公存贷

做对公存贷业务首先要开立账户，账户的开立业务在本系统的实现包括开客户号、在客户号下预开账户、激活已预开的账户，账户的实际开立应包括这三部分。

一、新开户业务

（一）新开客户号

新系统对公客户采用客户号管理方式，其编排方式见第一章中的

“账号编排体系”。未在银行开立账户的对公客户，首先必须开客户号。客户号由各网点根据需要数量在业务终端生成并打印，开客户时按生成的客户号录入。所开客户号全行唯一。

1. 系统界面的进入

在主界面下选择：“对公存贷”→“新开户业务”→“新开客户号”。

2. 操作说明

（1）录入要素为企业性质、客户名称、证件类别、证件号码、客户号、地址、电话号码1等。

（2）网点号由系统自动生成，直接回车即可。(所有交易均同)

（3）企业性质包括001全民所有制、002集体、003个体、004三资、005股份制、006有限责任、007个人独资、008合伙企业、009其他。其中人名户选择003个体，事业单位选择009其他。

（4）客户名称中企业户必须严格按照营业执照全称录入，个人名称按照有效身份证明录入。

（5）证件类别包括G营业执照、A身份证、Z其他，其中公司户选择G营业执照，个人户选择A身份证，事业单位等选择Z其他。

（6）证件号码根据证件类别录入相应营业执照号码、身份证号码及其他号码。

（7）客户号根据客户号清单录入。

（8）地址有三栏，如果一个地址较长，第一栏长度不够，余下的可录入到第二栏、第三栏。

（9）电话号码1录入联系电话。

（10）以上各项为必输项目，其他由各网点根据需要自行选择录入。

（二）预开账户

对于已经在银行开有客户号的客户，要进行存贷业务，必须先预开一个账户。预开户状态的账户不计入当天的开户数及总户数。预开账户不涉及金额。

1. 系统界面的进入

对公业务主界面下选择：“对公存贷”→“对公存款”→“开存款账户”。

2. 操作说明

（1）录入要素为客户号、账户注解、账户类别、存期、通存通兑、是否计息、自动转存、账户标志。

（2）客户号根据已开号码录入，回车后，界面上部将出现客户基本信息，包括客户号、户名、企业性质、状态、注册地、注册资金。均为必输项。

（3）账户注解录入开户人的账户名称（预留印鉴）。

（4）账户类别包括 201 工业存款、202 商业存款、203 建筑企业存款、204 农业存款、205 城镇集体企业存款、206 乡镇企业存款、207 三资企业存款、208 私营企业及个体户存款、209 其他企业存款、210 单位其他存款、212 保险公司存款、213 行政事业单位存款、221 一年期（含）以下单位定期、223 通知存款、224 单位大额可转让定期存单、235 财政预算存款、236 财政预算外存款、249 同业一般存款、260 临时存款、411 委托存款。

（5）存期栏中录入存期代码。存期代码采用“BXX”三位编码。B 为 1～3，表示存期的数量单位，其中 1 表示日，2 表示月，3 表示年；××为 01～99，表示存期单位（B）的数量。例如：107 表示存期为 7 天，206 表示存期为 6 个月，301 表示存期为 1 年，定期存期只能是 1 年内（包括 1 年）。该项只对定期存款、大额可转让定期存款有效，一般活期存款或临时存款不必录入。第一次预开户存期代码输入“000”。

（6）通存通兑仅限一般活期或临时存款户使用，系统默认为通存通兑。

（7）是否计息项，除财政性存款外，均选择“是”。

（8）自动转存仅限定期户使用，系统自动默认为非自动转存。

（9）账户标志包括 0 基本户、1 一般户、2 专用户、3 临时户、4 其他、5 辅助户。一个客户在同一支行只能开立一个基本账户，非一般活期只能选择 4 其他。系统理论上允许一个客户在每个对公存款科目下开设 100 个分户。已开有基本账户的客户，系统将拒绝再开立基本账户。

（10）执行后提交，系统输出账号为银行现行 15 位对公账号。

（三）开账户（激活账户）

账户开立最后的一步，是账户的实际开立，即新开户金的存入。

开账户的前提是该账户已经预开，否则应先进入“预开账户”的操作。

在账户的激活中，一般活期存款、临时存款账户和定期存款账户的存入方式有很大区别，其中一般活期存款、临时存款账户新开户金存入可采用多种方式，可以通过表内通用记账、贷款发放、账户转账、现金存款等模块转入或存入资金，而定期存款账户只能采取现金或本转的方式。

二、一般活期存款及临时存款

对于已经开立存款账户的客户，可在其账户上进行常规的现金存取款、转账及其他操作。未开立客户号、或开了客户号未开立账户的客户，应进行开户操作。

存取款业务在本系统中设计为面向业务的操作，操作员记录一笔业务，只需根据有关凭证记录一笔账务记录，系统自动生成相应账务处理。

（一）现金存款

该交易可用于激活预开账户或续存的业务处理。

1. 系统界面的进入

在主界面下选择："对公存贷"→"一般活期及临时存款"→"现金存款"。

2. 操作说明

录入相关账号、金额后执行即可。

3. 账务处理

借：101 现金

　　贷：201 活期存款

（二）现金取款

1. 系统界面的进入

在主界面下选择："对公存贷"→"一般活期及临时存款"→"现金取款"。

2. 操作说明

（1）录入要素为账号、金额、凭证类型、支票号码。

（2）账号必须是在本部门开户的对公一般活期账户。

（3）凭证类型包括 CCKZ 现金支票和其他。选择现金支票时，系统自动检索支票号码与账户的对应关系，并自动核销。使用非系统管理的现金支票时，选择其他。

（4）支票号码可以只录入最后四位，如果系统检索后提示有重复，则录入完整的8位号码。

3. 账务处理

借：201 活期存款

　　贷：101 现金

（三）账户转账

该交易用于同一网点内存款账户间的转账业务，包括预开户。

1. 系统界面的进入

在主界面下选择："对公存贷"→"一般活期及临时存款"→"账户转账"。

2. 操作说明

（1）录入要素为转出账号、凭证类型、支票号、金额、转入账号。

（2）转出账号必须是本部门开户的一般活期或临时存款账户。

（3）凭证类型包括TCKZ转账支票和其他。选择转账支票时，系统自动检索支票号码与账户的对应关系，并自动核销。当使用非系统管理的转账支票时，选择其他。

（4）支票号全部8位。

（5）转入账户必须是本部门开户的一般活期或临时存款账户。不能为结清、关闭状态。

（6）该交易仅用于本所活期账户间转账业务的处理。

3. 账务处理

借：201 本所转出账户

　　贷：201 本所转入账户

（四）协议存款

该交易用于将一般活期存款户设定为协议存款账户并设定协议金额，或对原有协议存款账户进行信息维护和账户取消操作的业务处理。

1. 系统界面的进入

在主界面下选择："对公存贷"→"一般活期及临时存款"→"协议存款"。

2. 操作说明

（1）录入要素为账号、额度金额、到期日。

（2）账号必须是本部门一般对公活期存款账户或协议存款账户。

（3）额度金额可以超过账面余额。将一般活期存款账户设置为协议存款账户时，直接录入相关信息即可；对原协议存款账户进行信息维护时，直接对相关信息进行修改即可；将原协议存款账户取消时，在额度金额中录入0或该项不录入即可。

（4）协定存款账户设定的当日起，若存款余额超过设定金额，则系统自动将超过部分的积数累计到协定利率积数，结息时对正常部分的积数和协定部分的积数分别计息。

（5）协定存款到期后，若没有进行取消协定操作，则系统默认为继续执行协定。

（五）账户结清

一般活期存款进行销户前，必须进行账户结清。系统自动按当天该存款种类的挂牌利率进行计息，把利息转入活期账户。临时存款户不计息，可直接取款销户。

1. 系统界面的进入

在主界面下选择："对公存贷"→"一般活期及临时存款"→"账户结清"。

2. 操作说明

（1）录入账号后，按F11键可以查看该户信息，核对相符后执行。

（2）账户结清后当日必须进行销户，否则平账时无法通过。

（3）执行后打印该户利息清单。

3. 账务处理

借：521 活期存款利息支出

　　贷：201 活期存款户

（六）账户销户

进行销户的账户，必须是已经结清且余额为零的一般活期存款、或余额为零的临时存款账户，即账户结清后必须将余额转出。进行销户后，该账户剩余支票将全部核销，并关闭账户。

1. 系统界面的进入

主界面下选择："对公存贷"→"一般活期及临时存款账户"→"账户销户"。

2. 操作说明

录入账号后按F11键可查看该账户信息，核对无误后执行并打印该户分户账。

三、定期存款账户

（一）新开户金转账存款

该交易用于通过转账方式激活预开定期存款账户的业务处理。

1. 系统界面的进入

在主界面下选择："对公存贷"→"定期存款账户"→"新开户金转账存款"。

2. 操作说明

（1）录入要素为转出账号、凭证类型、转出支票号、金额、转入账号、证实书号。

（2）转出账号必须为一般活期存款或临时存款账户。此为必输项。

（3）凭证类型包括 TCKZ 转账支票和其他。选择转账支票时，系统自动检索支票号码与账户的对应关系，并自动核销。当使用非系统管理的转账支票时，选择其他。此为必输项。

（4）转出支票号录入全部 8 位。

（5）转入账号必须为定期存款或通知存款等账户，状态必须是"预开户"。

（6）证实书号按照开户证实书编号录入，录入全部 10 位。

3. 账务处理

借：201 活期存款

　　贷：205 或 202

（二）新开户金现金存款

该交易用于通过现金存款方式激活预开定期存款账户的业务处理。

1. 系统界面的进入

在主界面下选择："对公存贷"→"定期存款账户"→"新开户金现金存款"。

2. 操作说明

（1）录入要素为账号、证实书号、金额，均为必输项。

（2）账号必须是本部门开户的对公存款账户。

（3）证实书号按照开户证实书录入，录入全部 10 位。

3. 账务处理

借：101 现金

　　贷：205 或 202

（三）部分提取转账

该交易用于定期存款、通知存款账户进行部分转账的业务处理。

1. 系统界面的进入

在主界面下选择："对公存贷"→"定期存款账户"→"部分提取转账"。

2. 操作说明

（1）录入的要素为转出账号、原证实书号、新证实书号、通知期、转入账号、金额。

（2）转出账号必须是本部门定期存款和通知存款账户。此为必输项。

（3）原证实书号、新证实书号按照开户证实书录入。此为必输项。

（4）通知期用于通知存款账户进行部分提取时需要录入的日期，分为1天、7天和不通知三种，分别用101、107、000表示，不同的通知期所得利率不同。（以下同）

（5）转入账号为一般活期存款或临时存款账户，并且账户不能为结清、关闭状态。

（6）系统按规定利率计算提取部分本金的利息，本利合计转入账户。

（7）执行后打印利息清单。

（8）每个定期账户的部分提取交易只能操作一次。

3. 账务处理

借：205 或 202

借：260 应付定期存款息

　　贷：201 活期转入账户

　　贷：201 活期转入账户

（四）销户转账

定期销户必须采用转账方式。

1. 系统界面的进入

在主界面下选择："对公存贷"→"定期存款账户"→"销户转账"。

2. 操作说明

（1）录入要素为账号、证实书号、通知期、转入账号、是否节假日、金额。

（2）账号必须是本部门定期存款或通知存款账户。此为必输项。

（3）证实书号按照开户证实书录入。此为必输项。

（4）通知存款的销户需要录入通知期。

（5）转入账号必须是本部门一般活期存款或临时存款账户，并且账户不能为结清、关闭状态，此为必输项。

（6）是否节假日包括 1 否、2 是。当到期日是节假日，客户在节假日前一天办理销户，选择“是”，按到期销户计算利息。其他情况选择“否”，按提前支取计算利息。

（7）系统按规定利率计算利息，本息合计转入账户。

3. 账务处理

借：205 或 202

借：260 应付定期存款息

　　贷：201 活期转入账户

　　贷：201 活期转入账户

四、贷款管理

客户申请贷款必须有唯一对应的活期存款账户，作为放贷、收贷、收息时使用的对应账户。该账户必须处于正常状态（非结清、关闭）。

（一）贷款借据管理

1. 借据录入

该交易用于放贷前将经信贷部门审核并批准的贷款借据录入系统的业务处理。

如果系统与信贷系统有接口，则借据从信贷系统自动进入本系统，不需要操作此功能。

（1）系统界面的进入。

主界面下选择：“对公存贷”→“贷款管理”→“贷款借据管理”→点击“新建”→“贷款借据录入”。

（2）操作说明。

①录入要素为存款账户、贷款类别、贷款金额、贷款利率、还款日期、担保方式、贴现补充天数、贷款借据号、贷款用途、委托人存款账户、委托人委托存款账户。

②存款账户是贷款人在银行的存款账户，该账户必须在贷款支行所属网点开户，回车后系统自动检索输出该账户对应户名。此为必输项。

③贷款类别包括 123 工业短期信用贷款、124 商业短期信用贷款、125 建筑业短期信用贷款、126 农业短期信用贷款、127 乡镇企业短期信用贷款、128 三资企业短期信用贷款、129 私营个体短期信用贷款、130 其他短期信用贷款、131 工业短期保证贷款、132 商业短期保证贷款、133 建筑业短期保证贷款、134 农业短期保证贷款、135 乡镇企业短期保证贷款、136 三资企业短期保证贷款、137 私营及个体短期保证贷款、138 其他短期保证贷款、139 工业短期抵押质押贷款、140 商业短期抵押质押贷款、141 建筑业短期抵押质押贷款、142 农业短期抵押质押贷款、143 乡镇企业短期抵押质押贷款、144 三资企业短期抵押质押贷款、145 私营个体短期抵押质押贷款、146 其他短期抵押质押贷款、147 技术改造信用贷款、148 基本建设信用贷款、149 银团联合信用贷款、150 其他中长期信用贷款、151 技术改造保证贷款、152 基本建设保证贷款、153 银团联合保证贷款、154 住房开发保证贷款、155 其他中长期保证贷款、156 技术改造抵押质押贷款、157 基本建设抵押质押贷款、158 银团联合抵押质押贷款、159 其他中长期抵押质押贷款、412 委托贷款、161 贴现。

④贷款利率必须与“贷款类别”一致，“还款日期”必须与“贷款利率”一致。此为必输项。

⑤担保方式包括 1 担保、2 抵押、3 质押。

⑥贴现补充天数为票据到期，从付款行付款后至到达收款行的款项在途时间，一般情况下外地票据的补充天数为 3 天，本地票据录入 0。当贷款类别选择“贴现”时录入。

⑦贷款借据号按照统一编排格式：4 位年号 +2 位行号 +2 位贷款类别 +5 位合同顺序号 +2 位借据号。此为必输项。

⑧贷款用途包括 1 流动资金、2 固定资金、3 借新还旧、0 其他用途。

⑨委托人存款账户为委托人在该部门开立的存款账户，当贷款类别选择“委托贷款”时录入。

⑩委托人委托存款账户为委托人进行委托贷款时，新开立的委托存款账户，专门用于委托存款，当贷款类别选择“委托贷款”时录入。

2. 借据维护

该交易用于放贷前对所录入贷款借据进行修改的业务处理。

如系统与信贷系统接口，借据从信贷系统自动进入本系统，不需要操作此功能。

（1）系统界面的进入。

在主界面下选择："对公存贷"→"贷款管理"→"贷款借据管理"→点击"查询"→"选中需要维护的借据"→"双击进入维护"。

（2）操作说明。

①录入要素为录入起始日期、录入结束日期、合同状态、合同部门，均为可选项，可以录入其中的一项或几项进行模糊查询。

②合同状态包括 0 未审批、1 已审批、2 已放贷、3 已还贷、4 转逾期、5 转表外、9 已删除、% 全部。

③若要对输出借据进行审阅和修改，选择其中一条记录，然后双击，系统将输出该借据的明细信息。操作员可直接对有关栏目作修改，其中合同号、贷款借据号不能修改。只能修改未发放的贷款借据信息。

④只能由原操作员进行修改。

⑤只能在借据录入当日贷款发放前进行维护。

（二）贷款展期确认

该交易用于贷款到期前贷款人申请贷款展期的业务处理。

1. 系统界面的进入

在主界面下选择："对公存贷"→"贷款管理"→"贷款展期确认"。

2. 操作说明

（1）录入要素贷款借据号、贷款余额、原到期日、新到期日、新利率。

（2）贷款借据号对应的贷款性质必须是正常贷款，一笔贷款只能办理一次展期。

（3）短期贷款的展期期限累计不得超过原贷款的期限，中长期贷款的展期期限累计不得超过 3 年。已转逾期的贷款不能再转为展期。

（4）新利率为贷款展期期限与原贷款期限累计期限相对应的利率。

（5）展期操作只能在贷款到期前一个月内处理。

（6）展期利率由电脑按新的贷款期限控制利率档次。

（三）放款查询

1. 系统界面的进入

在主界面下选择："对公存贷"→"贷款业务"→"放款查询"。

2. 操作说明

"存款账户"为与贷款账户对应的存款账户，此为必输项。

（四）结转不良贷款

该交易用于贷款逾期时进行结转的业务处理。

1. 系统界面的进入

在主界面下选择："对公存贷"→"贷款业务"→"结转不良贷款"。

2. 操作说明

（1）录入要素为贷款账号、贷款金额、逾期类别，均为必输项。

（2）贷款账号可以是本支行下任一网点的对公贷款账户，包括逾期和呆滞贷款账户。

（3）贷款金额是指该贷款账户的尚欠余额。

（4）逾期类别包括162一般逾期、163呆滞贷款、164呆账贷款。

（5）贷款转逾期后，不允许再转回正常贷款。

（6）结转的贷款科目不能大于结转后的贷款科目。

3. 账务处理

正常、逾期转呆滞：

借：130呆滞贷款户

　　贷：（红字）贷款账户或130逾期贷款户

正常、逾期、呆滞转呆账：

借：130呆账贷款户

　　贷：（红字）贷款账户或130逾期贷款户或呆滞贷款户

（五）呆账核销

该交易用于贷款呆账经有关部门批准后进行核销的业务处理，即完成贷款和呆账准备金之间对转。

1. 系统界面的进入

在主界面下选择："对公存贷"→"贷款管理"→"呆账核销"。

2. 操作说明

（1）录入要素为贷款账号、核销金额，均为必输项。

（2）贷款账号可以是本支行下任一网点的呆账贷款账户。

3. 账务处理

借：131 呆账准备金（呆账准备金户不允许透支）

贷：130 逾期贷款——呆账贷款账户

（六）坏账核销

该交易用于贷款坏账经有关部门批准后进行核销的业务处理，即完成贷款表内应收利息和坏账准备金之间对转。

1. 系统界面的进入

在主界面下选择："对公存贷"→"贷款管理"→"坏账核销"。

2. 操作说明

（1）录入要素为存款账号、明细序号、核销金额，均为必输项。

（2）存款账号为贷款对应存款账号，可以是在贷款账户所属支行下任一网点开户。

（3）明细序号可在"应收利息明细查询"中查询。

3. 账务处理

借：134 坏账准备

贷：13301 贷款应收利息

（七）抵债资产处理

该交易用于受偿抵债资产处理，即有关审批手续齐备的情况下，完成该贷款账户的本金、表内外应收利息和待处理抵债资产对转。

1. 系统界面的进入

在主界面下选择："对公存贷"→"贷款管理"→"抵债资产处理"。

2. 操作说明

（1）录入要素为贷款账号、作价金额，均为必输项。

（2）贷款账号可以是本支行任一网点开立的贷款账户。

3. 账务处理

（1）抵债资产作价 > 贷款本息合计：

借：14901 待处理抵债资产

贷：贷款账户

133 应收利息

501 利息收入（表外应收利息）

262 应付账户

付：705 表外应收利息

（2）贷款本金 < 抵债资产作价 < 贷款本金和表内利息合计：

借：14901 待处理抵债资产

贷：贷款账户

133 应收利息

（红字）501 利息收入

133 应收利息

付：表外应收利息

（3）贷款本金和表内利息合计 < 抵债资产作价 < 贷款本金和表外利息合计：

借：14901 待处理抵债资产

贷：贷款账户

133 应收利息

501 利息收入（表外应收利息的一部分）

付：705 表外应收利息

（4）抵债资产作价 < 贷款本金：

借：14901 待处理抵债资产

贷：贷款账户

借：（红字）贷款账户

呆账贷款

贷：（红字）501 利息收入

133 应收利息

付：705 表外应收利息

（八）还款查询

查询某一存款户下所有贷款的还贷明细。

1. 系统界面的进入

在主界面下选择："对公存贷"→"贷款管理"→"还款查询"。

2. 操作说明

"存款账户"为与贷款账户对应的存款账户，此为必输项。

（九）到期贷款查询

查询在某段时间内到期的贷款借据。

1. 系统界面的进入

在主界面下选择："对公存贷"→"贷款管理"→"到期贷款查询"。

2. 操作说明

（1）录入要素为"起始日期"、"贷款类别"、"到期天数"，均为可选项。

（2）"起始日期"、"到期天数"，查询在起始日期到（起始日期+到期天数）内到期的贷款，如不输，系统默认为从当天起，30天内到期的贷款。

（3）贷款类别包括123工业短期信用贷款、124商业短期信用贷款、125建筑业短期信用贷款、126农业短期信用贷款、127乡镇企业短期信用贷款、128三资企业短期信用贷款、129私营个体短期信用贷款、130其他短期信用贷款、131工业短期保证贷款、132商业短期保证贷款、133建筑业短期保证贷款、134农业短期保证贷款、135乡镇企业短期保证贷款、136三资企业短期保证贷款、137私营及个体短期保证贷款、138其他短期保证贷款、139工业短期抵押质押贷款、140商业短期抵押质押贷款、141建筑业短期抵押质押贷款、142农业短期抵押质押贷款、143乡镇企业短期抵押质押贷款、144三资企业短期抵押质押贷款、145私营个体短期抵押质押贷款、146其他短期抵押质押贷款、147技术改造信用贷款、148基本建设信用贷款、149银团联合信用贷款、150其他中长期信用贷款、151技术改造保证贷款、152基本建设保证贷款、153银团联合保证贷款、154住房开发保证贷款、155其他中长期保证贷款、156技术改造抵押质押贷款、157基本建设抵押质押贷款、158银团联合抵押质押贷款、159其他中长期抵押质押贷款、412委托贷款、161贴现。如选择"全部"，指以上所有贷款类型。

五、贷款业务

（一）贷款发放

1. 系统界面的进入

在主界面下选择："对公存贷"→"贷款业务"→"贷款发放"。

2. 操作说明

（1）录入要素为贷款借据号、存款账户、贷款类别、贷款金额，均为必输项。

（2）存款账户可以是贷款账户所属支行下任一网点存款账户，允许跨网点放贷。

（3）贷款类别包括123 工业短期信用贷款、124 商业短期信用贷款、125 建筑业短期信用贷款、126 农业短期信用贷款、127 乡镇企业短期信用贷款、128 三资企业短期信用贷款、129 私营个体短期信用贷款、130 其他短期信用贷款、131 工业短期保证贷款、132 商业短期保证贷款、133 建筑业短期保证贷款、134 农业短期保证贷款、135 乡镇企业短期保证贷款、136 三资企业短期保证贷款、137 私营及个体短期保证贷款、138 其他短期保证贷款、139 工业短期抵押质押贷款、140 商业短期抵押质押贷款、141 建筑业短期抵押质押贷款、142 农业短期抵押质押贷款、143 乡镇企业短期抵押质押贷款、144 三资企业工业短期抵押质押贷款、145 私营个体短期抵押质押贷款、146 其他短期抵押质押贷款、147 技术改造信用贷款、148 基本建设信用贷款、149 银团联合信用贷款、150 其他中长期信用贷款、151 技术改造保证贷款、152 基本建设保证贷款、153 银团联合保证贷款、154 住房开发保证贷款、155 其他中长期保证贷款、156 技术改造抵押质押贷款、157 基本建设抵押质押贷款、158 银团联合抵押质押贷款、159 其他中长期抵押质押贷款、412 委托贷款、161 贴现。

（4）系统自动产生贷款账号，贷款款项划入存款账户。

（5）贷款必须在录入借据的当天发放，如果当天贷款未发放，该借据自动作废，必须重新填写借据，但系统中仍保留该笔借据记录。

3. 账务处理

（1）非跨网点贷款发放

借：1××贷款账户

　　贷：201 存款账户

（2）跨网点贷款发放

业务网点（贷款账户所属网点）

借：1××贷款账户

　　贷：416 辖内往来——本所汇差账户

账务网点（存款账户所属网点）

借：416 辖内往来——本所汇差账户

　　贷：201 存款账户

（二）部分还贷

该交易用于对贷款本金部分偿还的业务处理。

1. 系统界面的进入

在主界面下选择："对公存贷"→"贷款业务"→"部分还贷"。

2. 操作说明

（1）录入要素为贷款借据号、存款账户、凭证类型、凭证号码、还贷类型、还款金额，均为必输项。

（2）凭证类型包括 TCKZ 转账支票、OTHR 其他，使用非系统管理的凭证时选择其他。

（3）凭证号码录入完整的 8 位号码。

（4）还贷类型包括 0 一般还贷、1 特殊还贷。当贷款账户无欠息时选择"一般还贷"，有欠息时选择"特殊还贷"。其中特殊还贷必须经信贷部批准，然后由高级别柜员复核方可进行操作。

（5）部分还贷只作本金收取，否则应转入"全部还贷"界面操作。

3. 账务处理

借：201 扣款账户

　　贷：1××贷款账户

（三）全部还贷

1. 系统界面的进入

在主界面下选择："对公存贷"→"贷款业务"→"全部还贷"。

2. 操作说明

（1）录入要素为贷款借据号、凭证类型、支票号、还款金额。

（2）凭证类型包括 TCKZ 转账支票、OTHR 其他，使用非系统管理的支票时选择其他。

（3）凭证号码录入完整的 8 位号码。

（4）全部还贷账户不能有应收未收利息。

（5）全部还贷的还款金额应等于贷款余额（利随本清），否则应转入"部分还贷"界面操作。

3. 账务处理

借：201 扣款账户

　　贷：1××贷款账户

　　　　利息收入

（四）单个账户自动收息

该交易用于系统对单个贷款账户应收未收利息进行收取的业务处理。

1. 系统界面的进入

在主界面下选择："对公存贷"→"贷款业务"→"单个账户自动收息"。

2. 操作说明

录入存款账号后回车即可，该存款账号可以与贷款账户同一支行不同网点。

3. 账务处理

表内应收利息：

借：201 存款账户

　　贷：133 应收利息

表外应收利息：

借：201 活期存款

　　贷：利息收入

付：705 表外应收利息

（五）应收利息明细查询

该交易用于查询贷款账户表内外应收利息的业务处理。

1. 系统界面的进入

在主界面下选择："对公存贷"→"贷款业务"→"应收利息明细查询"。

2. 操作说明

（1）录入要素为表内外标记、销账标记、存款账户。

（2）表内外标记包括1表内、0表外，销账标记包括1已销账、0未销账，存款账户为贷款账户对应的存款户，此为必输项。

（3）条件录入后回车，如果该账户存在应收利息，将输出其应收利息的有关信息：明细序号、贷款账号、开始日期、结束日期、利息金额、销账日期。

（六）拆笔自动收息

该交易用于手工对单个贷款账户应收未收利息进行拆分收息的业务处理。

1. 系统界面的进入

在主界面下选择："对公存贷"→"贷款业务"→"拆笔自动收息"。

2. 操作说明

（1）录入要素为存款账号、表内表外、明细序号、收息金额。

（2）存款账号是贷款账户对应的存款账户，可以是与贷款账户同一支行不同网点的账户。

（3）表内表外包括 1 表内、0 表外。

（4）明细序号是指该客户贷款应收未收息的顺序号，是本功能模块用来把一笔应收未收息拆成若干笔应收未收息的标记。可在应收利息明细查询中查询。

（5）执行成功后生成拆笔序号，编排方式为最大序号加 1：序号为 10 的应收未收息第一笔拆息序号为 11，第二笔为 12，依次类推。

六、汇票兑付

（一）商业汇票承兑

该交易用于发放银行承兑汇票时录入相关要素的业务处理。

1. 系统界面的进入

在主界面下选择："对公存贷"→"贷款业务"→"商业汇票承兑"。

2. 操作说明

录入要素为汇票号、付款账户、票面金额、到期日，均为必输项，根据实际汇票录入。

（二）汇票到期付款

该交易用于银行客户签发的汇票到期后，银行办理见票付款的业务处理。

1. 系统界面的进入

在主界面下选择："对公存贷"→"贷款业务"→"汇票到期付款"。

2. 操作说明

(1) 录入要素为汇票号、付款账户、应解账户、票面金额、足额付款、付款金额。

(2) 付款账户必须是承兑汇票申请人的存款账户。

(3) 应解账户为应解汇款的账户。

(4) 足额付款可选择 1 是、0 否。

(5) 当不能足额付款时，付款金额为银行垫付资金的数额。

第十三节　个人消费贷款

一、消费贷款

(一) 消费贷款合同管理

该交易用于放贷前将经信贷部门审核并批准的个人消费贷款借据录入系统的业务处理。

1. 系统界面的进入

在主界面下选择："个人贷款"→"消费贷款"→"消费贷款合同管理"。

2. 操作说明

(1) 录入要素为借据号、存款账户、贷款类别、贷款金额、贷款利率、还款日期、还款方式、类别、经销商账户、利息偿还方式、收息账号、担保方式、联系电话、联系地址。根据信贷部门下发的借据录入。

(2) 借据号按照统一编排格式：4 位年号 +2 位行号 +2 位贷款类别 +5 位贷款合同顺序号 +2 位借据号。此为必输项。

(3) 存款账户为该贷款人在银行任一网点所开立的储蓄活期存款账号，回车后显示对应账户名称。此为必输项。

(4) 贷款类别包括 901 住房按揭贷款、902 再交易住房贷款、903 住房装修贷款、904 汽车消费贷款、905 助学贷款、906 大宗耐用品贷款、907 旅游消费贷款、908 婚丧嫁娶贷款、909 医疗贷款、910 其他短期个人消费贷款、911 住房按揭贷款、912 再交易住房贷款、913 住房装修贷款、914 汽车消费贷款、915 助学贷款、916 大宗耐用品贷款、917 旅游消费贷款、918 婚丧嫁娶贷款、919 医疗贷款、920 其他中长期个人消费贷款。

（5）贷款利率和还款日期必须与贷款类别一致。此为必输项。

（6）还款方式包括 0 一次性偿还、1 等额、2 递减。

（7）类别包括楼房、汽车。

（8）经销商账号为经销商在银行开立的存款账号。

（9）利息偿还方式包括 0 借贷人偿还、1 第三方偿还。当贷款为电脑等无息贷款时选择 1 第三方偿还，此种方式由经销商偿还利息。

（10）“利息偿还方式”选择第三方偿还时录入经销商的收息账号。

（11）担保方式包括 1 担保、2 质押、3 抵押。

（12）若对输出借据中某项进行修改，可通过左右箭头将光标移动到该借据信息处并双击，显示其明细，可根据需要进行修改。若欲删除某借据，将光标移动到该条信息，按 delete 键即可删除。只能对贷款尚未发放的借据进行删除，只能由原操作员进行修改。

（二）个人消费贷款发放

1. 系统界面的进入

在主界面下选择：“个人贷款”→“消费贷款”→“个人消费贷款发放”。

2. 操作说明

（1）录入要素为“借据号”、“贷款账户注解”、“贷款金额”、“委托收款账号”。

（2）“贷款账号注解”是对贷款账号的说明，可选项目。

（3）“委托收款账号”是经销商的结算账号。

3. 账务处理

会计分录如下：

借：122 个人消费贷款

　　贷：40713 业务周转金

借：40713 业务周转金

　　贷：21101 贷款申请人

借：21101 贷款申请人

　　贷：40713 业务周转金

借：40713 业务周转金
　　贷：201 收款人（经销商）

（三）单笔收款

1. 系统界面的进入

在主界面下选择："个人贷款"→"消费贷款"→"单笔发放"。

2. 操作说明

（1）录入要素为"借据号"、"欠款期数"、"罚息标志"、"本金利息标志"、"金额"。

（2）"欠款期数"是单笔扣款的欠款期数。

（3）"罚息标志"，0 不收罚息，1 收罚息。

（4）"本金利息标志"，a 本金，1 利息。

3. 账务处理

会计分录如下：

借：122 个人消费贷款
　　贷：40713 业务周转金
借：40713 业务周转金
　　贷：21101 贷款申请人
借：21101 贷款申请人
　　贷：40713 业务周转金
借：40713 业务周转金
　　贷：201 收款人（经销商）

（四）个人按揭欠款查询

1. 系统界面的进入

在主界面下选择："个人贷款"→"消费贷款"→"个人按揭欠款查询"。

2. 操作说明

（1）录入要素为起始借据号、起始日期、终止日期、贷款状态、期数，均为可选项，可录入其中的一项或几项进行模糊查询。

（2）贷款状态包括 1 欠款、2 已扣款、3 表内欠息、4 表外欠息、5 表外欠息还款。

（五）提前部分还贷

该交易用于对贷款本金部分偿还的业务处理。

1. 系统界面的进入

在主界面下选择："个人贷款"→"消费贷款"→"提前部分还贷"。

2. 操作说明

(1) 录入要素为贷款借据号、还款金额，均为必输项。

(2) 客户提前部分还贷需要交纳一定金额的"赔偿金"，该金额作为营业外收入直接在通用记账界面（111）操作，借 101 现金或 211 相关付款账户，贷 262 营业外收入。

(3) 交易执行成功的同时，系统自动对该户进行计提利息的业务处理。

3. 账务处理

会计部分：

借：416 辖内往来——通存通兑

　　贷：122 个人消费贷款账户

储蓄部分：

借：211 付款人

　　贷：416 辖内往来——通存通兑

（六）提前全部还贷

1. 系统界面的进入

在主界面下选择："个人贷款"→"消费贷款"→"提前全部还贷"。

2. 操作说明

(1) 录入要素为借据号、还款金额。

(2) 客户提前全部还贷需要交纳一定金额的"赔偿金"，该金额作为营业外收入直接在通用记账界面（111）操作，借 101 现金或 211 相关付款账户，贷 262 营业外收入。

3. 账务处理

会计部分：

借：416 辖内往来——通存通兑

　　贷：122 个人消费贷款账户

储蓄部分：

借：211 付款人

　　贷：416 辖内往来——通存通兑

（七）个人消费贷款调息

1. 系统界面的进入

在主界面下选择："个人贷款"→"消费贷款"→"个人消费贷款调息"。

2. 操作说明

录入要素为贷款借据号、贷款类别、科目号、货币、新贷款利率、调整比率、起始日期。

二、助学贷款

（一）助学贷款借据管理维护

该交易用于放贷前将经信贷部门审核并批准的助学贷款借据进行维护的业务处理。

1. 系统界面的进入

在主界面下选择："个人贷款"→"助学消费贷款"→"助学贷款借据管理维护"。

2. 操作说明

录入单位合同号，点击"查询"，可查询到已经录入的贷款合同，选中并双击可进入维护。点击"新建"，录入新的贷款合同，录入要素为贷款借据号、单位合同号、还款日期、还款方式。输入完成后，点击"执行"。

（二）助学贷款单位合同录入

该交易用于放贷前将经信贷部门审核并批准的助学贷款单位合同录入的业务处理。

1. 系统界面的进入

在主界面下选择："个人贷款"→"助学消费贷款"→"助学贷款单位合同录入"。

2. 操作说明

录入要素为单位合同号、财政存款账号，输入完成后，点击"执行"，进入合同录入界面。

（三）助学贷款财政补贴利息

该交易用于处理财政补贴利息的业务操作。

1. 系统界面的进入

在主界面下选择："个人贷款"→"助学消费贷款"→"助学贷款财政补贴利息"。

2. 操作说明

录入要素为单位合同号、应还金额，输入完成后，点击"执行"。

（四）助学贷款全部提前还贷

该交易用于处理助学贷款提前全部还贷业务。

1. 系统界面的进入

在主界面下选择："个人贷款"→"助学消费贷款"→"助学贷款提前全部还贷"。

2. 操作说明

录入要素为贷款借据号、货币、还款金额、备注，输入完成后，点击"执行"。

第十四节　结算业务

一、辖内业务

（一）辖内通存

1. 辖内现金通存录入

使用该交易可实现辖内现金通存业务，既客户可在银行任一联网网点进行现金通存，交易完成后即时入账。

（1）系统界面的进入。

在主界面下选择："结算业务"→"辖内通存"→"辖内现金通存录入"。

（2）操作说明。

①录入要素为存入账号、金额。

②存入账号为在银行任一网点开户的对公存款账户，根据客户填写的现金交款单录入，回车后自动显示该账号对应户名和账户状态。

③本交易完成后必须换人复核。

2. 辖内现金通存复核

该交易用于对辖内现金通存录入业务的复核，由另一操作员完成。

（1）系统界面的进入。

在主界面下选择："结算业务"→"辖内通存"→"辖内现金通存复核"。

（2）操作说明（同现金通存录入）。

①当辖内通存业务复核完成后发现错误时，要进行联行错账调整处理，重新录入错账交易并复核，金额处录入等额负数即可。

②进行联行错账调整处理，必须在所通存金额未被使用的情况下进行，即转入账户余额大于等于调账金额。

③联行错账调整要起红字报单。

（3）账务处理。

①录入。

提出行（业务行）：

借：101 现金

　　贷：416 辖内通存分户

提入行（账务行）：

借：416 辖内通存分户

　　贷：201 或相关科目

②调账。

提出行（业务行）：

借：（红字）101 现金

　　贷：（红字）416 辖内通存分户

提入行（账务行）：

借：（红字）416 辖内通存分户

　　贷：（红字）201 或相关科目

3. 辖内现金通存查询

该交易用于对本网点所有现金通存业务的查询，并对已录入且未复核的现金通存业务进行修改或删除。已复核的业务发生错误不能修改，只能进行联行错账调整处理。

（1）系统界面的进入。

在主界面下选择："结算业务"→"辖内通存"→"辖内现金通存查询"。

（2）操作说明。

①录入要素为报单状态、录入日期、复核日期，均为可选项，可以录入其中的一条或几条进行模糊查询。

②报单状态包括0录入、1复核。

③查询条件录入完毕后回车，系统显示符合条件的所有记录，通过左右箭头可选定某条记录，回车后对该记录进行明细查询或修改，按delete键并选择1删除当前记录。

④只能对未复核的报单进行维护和删除。

⑤该操作只能由原操作员进行。

4. 辖内转账通存录入

该交易实现辖内转账通存，即收付款人为银行不同网点对公客户，付款人持转账支票在本开户网点办理通存业务，该支票不通过交换，在网点直接审核，交易成功后，即时入收款人账户。

（1）系统界面的进入。

在主界面下选择："结算业务"→"辖内通存"→"辖内转账通存录入"。

（2）操作说明。

①录入要素为转出账号、凭证类型、凭证号码、金额、转入账号。

②转出账号为付款人付款账号，转出账户必须是本部门一般活期或临时存款账户。

③凭证类别包括TCKZ转账支票、XHDH信汇电汇、OTHR其他，使用非系统管理的转账支票时选其他。

④如果是TCKZ转账支票，则凭证号码为必输项。

⑤转入账号为收款人存款账号，必须是银行非本部门一般活期或临时存款账户。录入后回车，显示转入户名和账户状态。

⑥本交易完成后必须换人复核。

5. 辖内转账通存复核

该交易用于对转账通存录入业务的复核，由另一操作员完成。

（1）系统界面的进入。

在主界面下选择："结算业务"→"辖内通存"→"辖内转账通存复核"。

（2）操作说明。

①当辖内通存业务复核完成后发现错误时，要进行联行错账调整处理，重新录入错账交易并复核，金额处录入等额负数即可。

②进行联行错账调整处理，必须在所通存金额未被使用的情况下进行，即转入账户余额大于等于调账金额。

③联行错账调整要起红字报单。

（3）账务处理。

①录入。

提出行（业务行）：

借：201 或相关科目（转出账户）

　　贷：416 辖内通存分户

提入行（账务行）：

借：416 辖内通存分户

　　贷：201 或相关科目（转入账户）

②调账。

提出行（业务行）：

借：（红字）201 或相关科目（转出账户）

　　贷：（红字）416 辖内通存分户

提入行（账务行）：

借：（红字）416 辖内通存分户

　　贷：（红字）201 或相关科目（转入账户）

6. 辖内转账通存查询

该交易用于对本网点所有转账通存业务的查询，并对已录入且未复核的转账通存业务进行修改或删除。已复核的业务发生错误不能修改，只能进行联行错账调整处理。

（1）系统界面的进入。

在主界面下选择："结算业务"→"辖内通存"→"辖内转账通存查询"。

（2）操作说明（同现金通存查询维护）。

（二）辖内通兑

1. 辖内现金通兑录入

使用该交易可实现辖内现金通兑业务，即客户可在银行任一联网网点进行现金通兑，交易完成后即时入账。

（1）系统界面的进入。

在主界面下选择："结算业务"→"辖内通兑"→"辖内现金通兑录入"。

（2）操作说明。

①录入要素为付款账号、金额。

②付款账号为在银行任一网点开户的对公存款账户，根据客户填写的现金交款单录入，回车后自动显示该账号对应户名和账户状态。

③本交易完成后必须换人复核。

2. 辖内现金通兑复核

该交易用于对辖内现金通兑录入业务的复核，由另一操作员完成。

（1）系统界面的进入。

在主界面下选择："结算业务"→"辖内通兑"→"辖内现金通兑复核"。

（2）操作说明（同现金通兑录入）。

①当辖内通兑业务复核完成后发现错误时，要进行联行错账调整处理，重新录入错账交易并复核，金额处录入等额负数即可。

②进行联行错账调整处理，必须在所通兑金额未被使用的情况下进行，即转入账户余额大于等于调账金额。

③联行错账调整要起红字报单。

（3）账务处理。

①录入。

提出行（业务行）：

借：416 辖内通兑分户

　　贷：101 现金

提入行（账务行）：

借：201 或相关科目

　　贷：416 辖内通兑分户

②调账。

提出行（业务行）：

借：（红字）416 辖内通兑分户

　　贷：（红字）101 现金

提入行（账务行）：

借：（红字）201 或相关科目

　　贷：（红字）416 辖内通兑分户

3. 辖内现金通兑查询维护

该交易用于对本网点所有现金通兑业务的查询，并对已录入且未复核的现金通兑业务进行修改或删除。已复核的业务发生错误不能修改，只能进行联行错账调整处理。

(1) 系统界面的进入。

在主界面下选择："结算业务"→"辖内通兑"→"辖内现金通兑查询维护"。

(2) 操作说明。

①录入要素为报单状态、录入日期、复核日期，均为可选项，可以录入其中的一条或几条进行模糊查询。

②报单状态包括0录入、1复核。

③查询条件录入完毕后回车，系统显示符合条件的所有记录，通过左右箭头可选定某条记录，回车后对该记录进行明细查询或修改，按delete键并选择1删除当前记录。

④只能对未复核的报单进行维护和删除。

⑤该操作只能由原操作员进行。

4. 辖内转账通兑录入

该交易实现辖内转账通兑，即收付款人为银行不同网点对公客户，收款人持转账支票在本开户网点办理通兑业务，该支票不通过交换，在网点直接审核，交易成功后，即时扣付款人账户。

(1) 系统界面的进入。

在主界面下选择："结算业务"→"辖内通兑"→"辖内转账通兑录入"。

(2) 操作说明。

①录入要素为付款账号、凭证类型、凭证号码、金额、收款账号。

②付款账户必须是银行非本部门一般活期或临时存款账户。

③凭证类别包括TCKZ转账支票，凭证号码为必输项。

④收款账号必须是银行本部门一般活期或临时存款账户。录入后回车，显示转入户名和账户状态。

⑤本交易完成后必须换人复核。

5. 辖内转账通兑复核

该交易用于对转账通兑录入业务的复核，由另一操作员完成。

(1) 系统界面的进入。

在主界面下选择："结算业务"→"辖内通兑"→"辖内转账通兑复核"。

(2) 操作说明（同转账通兑录入）。

①当辖内通兑业务复核完成后发现错误时，要进行联行错账调整处理，重新录入错账交易并复核，金额处录入等额负数即可。

②进行联行错账调整处理，必须在所通兑金额未被使用的情况下进行，即收款账户余额大于等于调账金额。

③联行错账调整要起红字报单。

（3）账务处理。

①录入。

提出行（业务行）：

借：416 辖内通兑分户

　　贷：201 或相关科目（收款账户）

提入行（账务行）：

借：201 或相关科目（付款账户）

　　贷：416 辖内通兑分户

②调账。

提出行（业务行）：

借：（红字）416 辖内通兑分户

　　贷：（红字）201 或相关科目（收款账户）

提入行（账务行）：

借：（红字）201 或相关科目（付款账户）

　　贷：（红字）416 辖内通兑分户

6. 辖内转账通兑查询

该交易用于对本网点所有转账通兑业务的查询，并对已录入且未复核的转账通兑业务进行修改或删除。已复核的业务发生错误不能修改，只能进行联行错账调整处理。

（1）系统界面的进入。

在主界面下选择："结算业务"→"辖内通兑"→"辖内转账通兑查询"。

（2）操作说明（同现金通兑查询维护）。

二、同城业务

（一）提出票据业务

1. 提出代付报单管理

（1）同城提出代付录入。

该交易用于提出代付票据录入的业务处理，即操作员收到客户存入的票据时，录入相关信息。其中票据收款人在银行开户。包括支票、汇票等。

①系统界面的进入。

主界面下选择："结算业务"→"提出票据业务"→"提出代付报单管理"→"同城提出代付录入"。

②操作说明。

a. 录入要素为收款账号、提入行号、凭证类别、凭证号码、金额。

b. 收款账号是本部门开户的对公存款账户。此为必输项。

c. 提入行号为对方行行号，录入后回车，自动显示对应行名称。此为必输项。

d. 凭证类别包括 OBCK 他行支票、OBPO 他行汇票、XHDH 信汇电汇、OTHR 其他。

e. 金额为必输项。

f. 该交易必须换人复核。

（2）报单复核。

该交易用于对提出代付录入业务的复核，由另一操作员完成。复核无误后该笔款项完成预记账。

①系统界面的进入。

在主界面下选择："结算业务"→"提出票据业务"→"提出代付报单管理"→"报单复核"。

②操作说明（同提出代付录入）。

③账务处理。

借：408 提出代付

　　贷：26101 待抵用票据

（3）报单退票。

该交易用于提入提出代付退票时的业务处理，即银行提出支票被对方行电话通知退票并且所退票据已通过交换到达银行时进行的操作，完成后该报单的状态由"暂缓"修改为"退票"。

①系统界面的进入。

在主界面下选择："结算业务"→"提出票据业务"→"提出代付报单管理"→"报单退票"。

②操作说明。

a. 录入要素为提出日期、金额，为可选项。

b. 回车后显示符合条件的已提出代付报单，通过左右箭头可选定某条记录，回车查看其明细信息，无误后录入“退票提入日期”和“退票提入场次”，执行即可。其中退票场次必须晚于原提出场次，并且是已切换未清差的场次。

c. 执行后自动返回输出信息界面，可看到该笔报单状态栏已经修改为“退票”。

d. 在下一场次切换后方可操作。

③账务处理。

借：408 提出票据退票

　　贷：408 提入代付

借：26101 待抵用票据

　　贷：408 提出票据退票

（4）单笔入账。

该交易用于对方行电话退票但抵用时间后未退回的业务处理，完成后将该报单状态由“暂缓”修改为“入账”。或者用于某账户单独入账等情况。

①系统界面的进入。

在主界面下选择：“结算业务”→“提出票据业务”→“提出代付报单管理”→“单笔入账”。

②操作说明。

a. 录入要素为录入日期、金额，均为可选项。

b. 回车后显示符合条件的已提出代付报单，通过左右箭头可选定某条记录，回车查看其明细信息，无误后执行即可。

c. 执行后返回输出信息界面，可看到该笔报单状态已经修改为“入账”。

d. 在下一场次切换后方可操作。

③账务处理。

借：26101 待抵用票据

　　贷：201 或相关收款账号

（5）批量入账。

该交易用于提出代付票据到抵用时间后批量入账的业务处理，完成后将票据状态修改为“入账”。

①系统界面的进入。

在主界面下选择：“结算业务”→“提出票据业务”→“提出代付报单管理”→“批量入账”。

②操作说明。

a. 录入要素为交换日期、交换场次。其中交换场次必须是已切换的场次。

b.“执行”后显示对应场次的待确认笔数和金额，与实际数据核对无误后，再次执行。

c. 系统自动返回该场次入账执行情况，输出总笔数、金额，成功笔数、金额，失败笔数、金额。

③账务处理。

借：26101 待抵用票据

　　贷：201 或相关收款账号

（6）暂缓入账。

该交易用于提出代付票据在抵用时间内接到对方行电话退票时的业务处理。

①系统界面的进入。

在主界面下选择："结算业务"→"提出票据业务"→"提出代付报单管理"→"提出代付暂缓入账"。

②操作说明。

a. 录入要素为提出日期、金额，均为可选项。

b. 回车后显示符合条件的已提出代付报单，通过左右箭头可选定某条记录，回车后查看其明细，无误后执行即可。

c. 执行后，可观察到该报单状态已经修改为"暂缓"。

2. 提出代收报单管理

（1）同城提出代收录入。

该交易用于提出代收票据录入的业务处理，即操作员收到客户存入的票据时，录入相关信息。其中票据付款人在银行开户。

①系统界面的进入。

主界面下选择："结算业务"→"提出票据业务"→"提出代收报单位管理"→"同城提出代收录入"。

②操作说明。

a. 录入要素为付款账号、提入行号、凭证类别、凭证号码、金额。

b. 付款账号是本部门活期存款账户，根据代收票据录入，回车后自动显示对应付款人名称。此为必输项。

c. 提入行号为对方行行号，录入后回车，自动显示对应行名称。此为必输项。

d. 交易码包括转账、税款。

e. 凭证类别包括 TCKZ 转账支票、XHDH 信汇电汇、OTHR 其他。

f. 该交易必须换人复核。

（2）提出代收复核。

该交易实现对提出代收录入业务的复核，由另一操作员完成。复核无误后该笔款项完成账务处理。

①系统界面的进入。

在主界面下选择："结算业务"→"提出票据业务"→"提出代收报单位管理"→"提出代收复核"。

②操作说明（同提出代收录入）。

③账务处理。

借：201 或相关付款账号

　　贷：40801 提出代收

（3）提出代收退票。

该交易用于提入提出代收退票时的业务处理，即银行提出票据被对方行退票并且所退票据已通过交换到达银行时进行的操作，完成后该报单的状态修改为"退票"。

①系统界面的进入。

在主界面下选择："结算业务"→"提出票据业务"→"提出代收报单位管理"→"提出代收退票"。

②操作说明。

a. 录入要素为提出日期、提出场次，均为可选项。

b. 回车后显示符合条件的已提出代付报单，通过左右箭头可选定某条记录，回车后查看其明细，无误后录入"退票提入日期"和"退票提入场次"，执行即可。其中退票场次必须晚于原提出场次，并且是已切换未清差的场次。

c. 执行后返回到输出界面，可观察到该报单状态已经修改为"退票"。

d. 在下一场次切换后方可操作。

③账务处理。

借：40801 提入代收

　　贷：40802 提出票据退票

借：40802 提出票据退票

　　贷：201 或相关收款账号（贷方账号销户时直接挂账）

（二）提入票据业务

1. 提入代付

该交易用于提入代付票据录入的业务处理，即操作员收到通过交换提入的银行付款票据时，录入相关信息，录入完成账务处理。其中票据付款人在银行开户。包括支票等。

（1）系统界面的进入。

在主界面下选择："结算业务"→"提入票据业务"→"提入代付"。

（2）操作说明。

①录入要素为提入日期、票交场次、凭证类别、凭证号码、金额、付款账号、收款账号、收款人名称、提出行号。其中收款账号、收款人名称、提出行号为可选项。

②凭证类别必须为本部门凭证，包括 TCKZ 转账支票、OTHR 其他，使用非系统管理的凭证时选择其他。

③如果是 TCKZ 转账支票，凭证号码是必输项。

④付款账号是本部门对公存款账号，回车后显示对应付款人名称。

（2）账务处理。

借：201 或相关付款账号

　　贷：40801 提入代付

2. 提入代收

该交易用于提入代收票据录入的业务处理，即对方行通过交换将票据提到银行，其中收款人在银行开户。包括收款凭证等。

（1）系统界面的进入。

在主界面下选择："结算业务"→"同城业务"→"提入票据业务"→"提入代收"。

（2）操作说明。

①录入要素为提入日期、票交场次、凭证类别、凭证号码、挂账标志、金额、收款账号、付款账号、付款人名称、提出行号。其中付款账号、付款人名称、提出行号为可选项。

②凭证类别包括 OJZD 进账单和 OTHR 其他。

③挂账标志包括 0 不挂账、1 挂账，提入代收不能及时退票的选择挂账。

④收款账号是本部门活期存款账号，回车后显示对应账户名称。

（3）账务处理。

不挂账：

借：40801 提入代收

　　贷：201 或相关收款账号

挂账：

借：40801 提入代收

贷：26103 待划转提入款项

3. 提入代付退票

该交易用于提入代付票据退票时的业务处理，即银行提入票据因逾期、余额不足等原因需退回对方行时进行的操作。

（1）系统界面的进入。

在主界面下选择："结算业务"→"同城业务"→"提入票据业务"→"提入代付退票"。

（2）操作说明。

①录入要素为提入日期、票交场次、凭证类别、凭证号码、金额、付款账号、收款账号、收款人名称、提出行号、摘要。其中收款账号、收款人名称为可选项。

②凭证类别必须为本部门凭证，包括 TCKZ 转账支票、OTHR 其他，使用非系统管理的凭证是选择其他。

③如果是 TCKZ 转账支票，凭证号码是必输项。

④付款账号是本部门活期存款账号，回车后显示对应付款人名称。

⑤提出行号为对方行行号。此为必输项。

⑥摘要处录入退票原因。

（3）账务处理。

借：40802 提入票据退票

贷：40801 提入代付

借：40801 提出代付

贷：40802 提入票据退票

4. 提入代收退票

该交易用于提入代收票据退票时的业务处理，即银行提入票据因账号不符等原因需退回对方行时进行的操作。

（1）系统界面的进入。

在主界面下选择："结算业务"→"同城业务"→"提入票据业务"→"提入代收退票"。

（2）操作说明。

①录入要素为提入日期、票交场次、凭证类别、凭证号码、挂账标志、金额、收款账号、付款账号、付款人名称、提出行号、摘要。其中付款账号、付款人名称为可选项。

②录入日期选择当天日期，如果是以前挂账的提入代收退票，则录入该退票以前提入时的日期和场次。

③凭证类别包括 OJZD 进账单和 OTHR 其他。

④凭证号码不检查。

⑤挂账标志包括 0 不挂账、1 挂账。

⑥收款账号是本部门对公存款账户，回车后显示对应的账户名称。

⑦提出行号为对方行行号，回车后显示对应行名称。此为必输项。

⑧摘要处录入退票原因。

（3）账务处理。

挂账退票：

借：26103 待划转提入款项

　　贷：40802 提入票据退票

借：40802 提入票据退票

　　贷：40801 提出代收

直接退票：

借：40801 提入代收

　　贷：40802 提入票据退票

借：40802 提入票据退票

　　贷：40801 提出代收

（三）切换交换场次

1. 交换场次切换

该交易用于票据交换场次的切换，即将复核过的报单送给交换员参加交换前进行的操作。

（1）系统界面的进入。

在主界面下选择："结算业务"→"同城业务"→"切换交换场次"→"交换场次切换"。

（2）操作说明。

①录入要素为交换日期、交换场次、提出代付笔数、金额、提入代付退票笔数、金额、提出代收笔数、金额、提入代收退票笔数、金额、总笔数、轧差金额。

②交换场次随时间不同而不同，如果是下午进行场次切换，录入的日期为下一工作日，场次为 1，即提出的是次日上午一交票据；如果是上午进行场次交换，录入日期为当日，场次为 2，即提出的是当日下午二交票据；年终决算最多可以做 4 场交换。

③有提入无提出的业务发生，先进行场次切换（报空盘，场次输入

为负，分别是 -1、-2、-3 和 -4)，再处理提入的业务。

④笔数和金额均根据核打的实际票据录入，执行后若与系统内数据相符则完成切换。

⑤总笔数是所有提出票据笔数之和。

⑥轧差金额 = 提出代付 + 提入代付退票 - 提出代收 - 提入代收退票。借差为正数，贷差为负数。

2. 取消场次切换

该交易用于票据交换场次切换的取消。操作完成后，场次恢复为上场。有该场次的提入票据或该场次已清差的不能进行本操作。

(1) 系统界面的进入。

在主界面下选择："结算业务" →"同城业务" →"切换交换场次" →"取消场次切换"。

(2) 操作说明。

录入要素为交换日期、交换场次。

3. 非法二交查询

该交易用于查询非法二交报单的业务处理，由于边远地区银行不参加人民银行当日二交，因此在交换前需将这些票据的金额与笔数扣除，系统自动将扣除部分滚入下一场次。通过该交易可以查询出非法二交票据的信息。

(1) 系统界面的进入。

在主界面下选择："结算业务" →"同城业务" →"切换交换场次" →"非法二交查询"。

(2) 操作说明。

录入要素为业务部门、报单种类、录入日期。

4. 同城业务查询

该交易用于查询同城业务报单的业务处理。

(1) 系统界面的进入。

在主界面下选择："结算业务" →"同城业务" →"切换交换场次" →"同城业务查询"。

(2) 操作说明。

①录入要素为报单种类、录入日期、报单状态、交换场次、交换日期，均为可选项，可选择录入其中一条或几条进行模糊查询。

②报单种类包括 0 提出代付、1 提出代收、2 提入代付、3 提入代收、全部。

③报单状态包括 0 录入、1 交换、2 入账、3 退票、4 复核、5 暂缓、

9 冲销、全部。

④通过左右箭头可对输出的报单进行选择，选定后回车可查询其明细内容。

（四）同城资金清算

1. 同城资金清算

该交易用于同场次提入提出资金差额的清算，所清算的必须为当日交换。

（1）系统界面的进入。

在主界面下选择："结算业务"→"同城业务"→"同城资金清算"。

（2）操作说明。

①录入要素为交换日期、交换场次、提出借方笔数及金额、提出贷方笔数及金额、提入贷方笔数及金额、提入借方笔数及金额、总笔数、轧差金额，均为必输项。

②提出借方 = 本场提出代付 + 本场提出的以前场次提入代付退票（银行收款）

③提出贷方 = 本场提出代收 + 本场提出的以前场次提入代收退票（银行付款）

④提入借方 = 本场提入代付 + 本场提入的以前场次提出代付退票（银行付款）

⑤提入贷方 = 本场提入代收 + 本场提出的以前场次提出代收退票（银行收款）

⑥总笔数是所有提出提入票据笔数之和。

⑦轧差金额 = 提出借方 + 提入贷方 - 提出贷方 - 提入借方

⑧笔数和金额必须根据交换员提供的数据录入，执行后若与系统内数据相符则完成清算。不符系统会做出相应提示，调整后重新清算。

（3）账务处理。

贷差的会计分录：

借：408 同城清算

　　贷：416 同城交换汇差分户

2. 取消资金清算

该交易用于发现提入票据录入有误或其他情况时取消资金清算的业务处理。

（1）系统界面的进入。

在主界面下选择："结算业务"→"同城业务"→"同城资金清算"→"取消资金清算"。

（2）操作说明。

①录入要素为交换日期、交换场次，均为必输项。回车后显示该场次明细信息。

②只能取消当日场次的同城资金清算。

（3）账务处理。

贷差的会计分录：

借：（红字）408 同城清算

　　贷：（红字）416 同城交换汇差分户

（五）报单查询维护

1. 报单查询

该交易用于查询同城业务报单的业务处理。

（1）系统界面的进入。

在主界面下选择："结算业务"→"同城业务"→"报单查询"。

（2）操作说明。

①录入要素为报单种类、录入日期、报单状态、交换场次、交换日期，均为可选项，可选择录入其中一条或几条进行模糊查询。

②报单种类包括 0 提出代付、1 提出代收、2 提入代付、3 提入代收、全部。

③报单状态包括 0 录入、1 交换、2 入账、3 退票、4 复核、5 暂缓、9 冲销、全部。

④通过左右箭头可对输出的报单进行选择，选定后回车可查询其明细内容。

2. 报单冲销

该交易用于冲销提出尚未切换或提入但尚未清差划拨的报单。

（1）系统界面的进入。

在主界面下选择："结算业务"→"同城业务"→"报单维护"→"报单冲销"。

（2）操作说明。

①录入要素为报单种类、录入日期、报单状态、交换场次、交换日期，均为可选项。

②通过左右箭头可选定要冲销的某条报单，回车后系统提示 0 取消、

1 确认，选择确认后冲销该报单。

③只能对报单进行删除，不能修改。

④提出代付代收状态为“录入”时，可以在此界面随意删除。

⑤提出代付、代收状态为“复核”时，系统已完成记账处理，删除后，生成红字账务。

⑥状态为“入账”的报单可以冲销回交换状态，隔日必须手工起红字冲账传票。

⑦已清差的提入票据不能冲销。

3. 场次调整

该交易用于切换了交换场次但未到人民银行交换，发现提出票据有误或要追加票据时的业务处理。

（1）系统界面的进入。

在主界面下选择：“结算业务”→“同城业务”→“报单维护”→“场次调整”。

（2）操作说明。

①录入要素为报单种类、录入日期、报单状态、交换场次、交换日期，均为可选项。

②选定输出项目中的一项后回车，可以查看其明细信息。

③下方的“维护类别”包括 0 取消单笔交换、1 补报单笔交换。有报单需要取消时选择 0，有报单需要追加时选择 1。

④录入相应的交换日期和交换场次后执行即可。

⑤只能补报已复核的报单。

三、特约汇款业务

特约汇款证一式五联，由会员行签发、兑付。

（一）签发特约汇款证

该交易由会员行下属网点操作员完成；使用该交易可实现汇款证签发业务，即签发行受理汇款人递交的特约汇款证委托书，审查无误，由汇款证签发人员根据特约汇款证委托书所列要素录入。

1. 系统界面的进入

在主界面下选择：“结算业务”→“特约汇款业务”→“签发特约汇

款证”。

2. 操作说明

（1）录入要素为付款人账号、金额、收款人账号、汇票编号、汇入行行号。

（2）付款账号为在银行开户的对公存款账户。

（3）汇款证有效期一个月，按次月对日计算，到期日为节假日顺延。

（4）需在兑付地指定行支取现金，交易码为“CS（现金）”，否则交易码为“TR（转账）”。

（5）汇款证签发其起始金额为人民币 500 元。

3. 账务处理

（1）现金：

借：101 现金

　　贷：26210 其他应付款

付：特约汇款证

（2）转账：

借：201 付款账号

　　贷：26210 其他应付款

付：特约汇款证

（二）兑付特约汇款证

该交易由会员行下属网点操作员完成。

1. 系统界面的进入

在主界面下选择：“结算业务”→“特约汇款业务”→“兑付特约汇款证”。

2. 操作说明

（1）录入要素为汇票编号、签发日期、付款人账号、付款人名称、币种、金额、结算金额、持票人账号、持票人名称、签发行号、签发行名、汇入行行号、汇入行行名、备注。

（2）结算金额小于汇款证金额。

（3）签发日期为当日之前交易日期，期限一个月，遇法定假期顺延。

（4）兑付支取现金时，交易码为“CS（现金）”，否则交易码为“TR（转账）”。

（5）签发行、汇入行、转账交易持票人账号必输入。

3. 账务处理

（1）现金：

借：13910 其他应收款

　　贷：24301 应解汇款

（2）转账：

借：13910 其他应收款

　　贷：201 收款账号

（三）特约汇款证转汇

该交易由会员行下属网点操作员完成，主要实现网点与市行之间清差划拨。

1. 系统界面的进入

在主界面下选择："结算业务"→"特约汇款业务"→"特约汇款证转汇"。

2. 操作说明

（1）录入要素为交易日期、签发笔数、签发金额、兑付笔数、兑付金额。

（2）签发笔数、签发金额、兑付笔数、兑付金额系统有严格校验。

3. 账务处理

（1）签发：

借：26210 其他应付款

　　贷：41605 全国联行分户

（2）兑付：

借：41605 全国联行分户

　　贷：13910 其他应收款

（四）特约汇款证查询

1. 系统界面的进入

在主界面下选择："结算业务"→"特约汇款业务"→"特约汇款证转汇"。

2. 操作说明

录入要素为汇款证性质、起始日期、业务部门，可选项。

（五）开出特约汇款证

该交易由会员行清算中心操作员完成。

1. 系统界面的进入

在主界面下选择:"结算业务"→"特约汇款业务"→"特约汇款证转汇"。

2. 操作说明

(1) 录入要素为开出网点。

(2) 市行授权操作员通过此界面把下属网点汇款证逐一开出。

3. 账务处理

借:41605 全国联行分户

　　贷:24402 开出全国汇票

(六) 记联行往来账

1. 记联行往账

该交易由会员行清算中心操作员完成。

(1) 系统界面的进入。

在主界面下选择:"结算业务"→"特约汇款业务"→"记联行往账"。

(2) 操作说明。

①录入要素为业务种类、报单类型、联行报单号、币种、金额、发报行行号、发报行行名、收报行行号、收报行行名、备注。

②业务种类包括开出特约汇款、兑付特约汇款、电汇、信汇。

③报单类型:QYDB(全国联行邮贷报单)、QYJB(全国联行邮借报单)。

(3) 账务处理。

①签发:

借:24402 开出全国汇票

　　贷:41101 特约联行往账

付:划贷方报单

②兑付:

借:41101 特约联行往账

　　贷:41605 全国联行分户

付:划借方报单

2. 记联行来账

该交易由会员行清算中心操作员完成。

(1) 系统界面的进入。

在主界面下选择:"结算业务"→"特约汇款业务"→"记联行来账"。

(2) 操作说明。

①录入要素为业务种类、报单类型、联行报单号、币种、金额、收款人账号、收款人名称、付款人账号、付款人名称、发报行行号、发报行行名、收报行行号、收报行行名、备注。

②业务种类包括信汇和其他。

③报单类型：QYDB（全国联行邮贷报单）。

④主要完成兑付后汇款证金额与兑付金额的资金结转。

（3）账务处理。

借：41201 特约联行来账

　　贷：41605 全国联行分户

借：41605 全国联行分户

　　贷：201 收款账号

（七）特约汇款证汇差清算

1. 特约汇款证汇差清算

该交易由会员行清算中心操作员完成。

（1）系统界面的进入。

在主界面下选择："结算业务"→"特约汇款业务"→"特约汇款证汇差清算"。

（2）操作说明。

参考同城资金清算。

（3）账务处理。

借：41301 特约联行汇差

　　贷：41401 特约联行汇差资金划拨

2. 取消特约汇款证汇差清算

该交易由会员行清算中心操作员完成。

（1）系统界面的进入。

在主界面下选择："结算业务"→"特约汇款业务"→"取消特约汇款证汇差清算"。

（2）操作说明。

参考取消同城资金清算。

（3）账务处理。

借：（红字）41301 特约联行汇差

　　贷：（红字）41401 特约联行汇差资金划拨

附录一

会计科目及业务代码表

科目代码	科目名称	业务代码	业务代码名称
101	现金		
10101	库存现金	101	库存现金
202	通知存款		
20202	个人通知存款	827	个人通知存款
211	活期储蓄存款		
21101	活期储蓄存款	811	活期储蓄存款
21102	定活两便储蓄存款	812	定活两便储蓄存款
21103	个人支票存款	813	个人支票存款
21104	其他活期储蓄存款	814	其他活期储蓄存款
215	定期储蓄存款		
21501	整存整取储蓄存款		
2150101	1 年期以下整存整取	821	1 年期以下整存整取
2150102	1 年期以上整存整取	822	1 年期以上整存整取
21502	零存整取定期储蓄存款	823	零存整取定期储蓄
21503	存本取息储蓄存款	824	存本取息储蓄存款
21504	整存零取储蓄存款	825	整存零取储蓄存款
21505	大额可转让定期储蓄存单	826	大额可转让定期储蓄
21506	教育储蓄存款	828	教育储蓄存款
21510	其他定期储蓄存款	831	其他定期储蓄存款
260	应付利息		
26001	应付定期存款利息	860	应付定期存款利息
26002	应付定期储蓄存款利息	861	应付定期储蓄存款利息
26003	应付活期存款利息	863	应付活期存款利息
26004	应付活期储蓄存款利息	864	应付活期储蓄存款利息
26010	其他应付利息	862	其他应付利息
268	应付利息税	403	应付利息税
407	系统内往来		
4070203	储蓄业务周转金	407	储蓄业务周转金
416	辖内往来汇差		
		416	清算
		417	通存通兑
		418	系统内往来

续表

科目代码	科目名称	业务代码	业务代码名称
		419	同城往来
511	手续费收入		
51101	结算手续费收入	516	结算手续费收入
51102	委托业务手续费收入	517	委托业务手续费收入
51103	代理业务手续费收入	529	代理业务手续费收入
51104	证券买卖手续费收入	518	证券买卖手续费收入
51105	银行卡手续费收入	530	银行卡手续费收入
51110	其他手续费收入	519	其他手续费收入
521	利息支出		
52101	活期存款利息支出	521	活期存款利息支出
52102	定期存款利息支出	522	定期存款利息支出
52103	活期储蓄存款利息支出	523	活期储蓄存款利息支出
52104	定期储蓄存款利息支出	524	定期储蓄存款利息支出
52105	通知存款利息支出	597	通知存款利息支出
52110	其他利息支出	525	其他利息支出
702	重要空白凭证		
70201	普通存折	751	普通存折
70202	一本通存折	752	一本通存折
70203	存单	753	存单
70204	普通支票	754	普通支票
70205	现金支票	755	现金支票
70206	转账支票	756	转账支票
70207	一卡通	757	一卡通
70208	出入库凭证	758	出入库凭证

附录二

实验操作案例

本系统模拟了商业银行综合业务系统的所有业务操作，通过对本系统所有案例的操作，可以完全理解商业银行核心业务的操作流程、业务规范、会计核算方法及柜台业务种类，深刻体会现代商业银行的管理模式及以客户为中心的现代商业银行的管理思想。

本系统适合金融、银行会计、商业银行经营管理、经济管理等相关专业。

在本系统的模拟操作中，学生将扮演商业银行普通柜员、会计计账员、柜台组长等角色，以不同的角色登录本系统模拟操作不同的业务，从而达到全面熟悉商业银行综合业务的实验目的。

在完成本系统设计的每一个案例后，系统将会根据您的操作，给出一个分值，您通过查看系统评定的分值，就可以了解自己当前的实验情况。系统最终评定的分值将作为您的任课教师对您参与本系统实验的最终评价依据。

一、个人储蓄业务案例

个人储蓄业务案例操作如图1所示。

（一）储蓄柜员初始操作

表1

案例	说明	操作	分值
操作员密码修改	修改学生的个人资料	[通用模块→操作员管理]	1
操作员学号修改		[通用模块→操作员管理]	1
增加尾箱		[通用模块→钱箱管理→增加尾箱]	1
知识要点：无			
实验目的：避免其他人修改登录密码及个人资料			
课时安排：无			

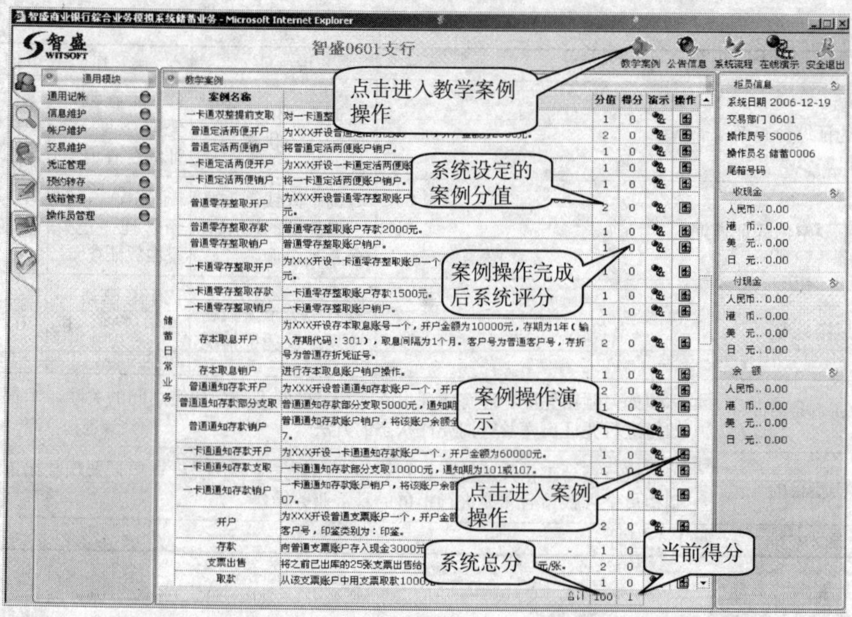

图 1

（二）储蓄柜员日初处理

表 2

案　例	说　明	操　作	分值
凭证领用： 1. 领用“一本通存折”10 张，凭证号码为 8 位数 2. 领用“一卡通”10 张，凭证号码为 8 位数 3. 领用“大额双整存单”10 张，凭证号码为 8 位数 4. 领用“整存整取”存单 10 张，凭证号码为 8 位数 5. 领用“出入库凭证”10 张，凭证号码为 8 位数 6. 领用“普通存折”10 张，凭证号码为 8 位数 7. 领用“普通支票”25 张，凭证号码为 8 位数 8. 领用“定活两便存单”10 张，凭证号码为 8 位数	凭证“开始号码”与“结束号码”不能与其他柜员领取的号码相同。自己领用的凭证号码应记下，以便接下来的业务操作使用	[通用模块→凭证管理→凭证领用]	1
重要空白凭证出库	领用了多少张凭证就出库多少张凭证，一张凭证为 1 元	[通用模块→钱箱管理→重要空白凭证出库]	1
现金出库 10000 元	如果部门钱箱中的现金为 0，则进行此项操作时，系统会提示“不能透支”，所以此项操作可留到日终处理后再进行	[通用模块→钱箱管理→现金出库]	1

续表

案　例	说　明	操　作	分值
凭证综合查询	查询已领用并已出库凭证的状态	[一般查询→凭证查询→凭证综合查询]	0
重要空白凭证查询	查询个人钱箱重要空白凭证的使用情况及其余额	[通用模块→钱箱管理→重要空白凭证查询]	0
尾箱轧账	查看柜员个人钱箱中现金及凭证情况	[通用模块→钱箱管理→尾箱轧账]	0
知识要点	掌握如何领用凭证。理解凭证出库、柜员钱箱及部门钱箱之间的关联。掌握如何进行凭证出库及查询凭证状态的方法		
实验目的	理解银行柜台工作人员进行日初业务处理首先应领用凭证。凭证及现金出库到柜员个人钱箱后才能进行柜员的日常业务操作		
课时安排	1 个课时		

（三）储蓄日常业务操作

表 3

案　例		说　明	操　作	分值
个人储蓄业务	一、开客户号 1. 开普通客户号：为第一次来本行办理开户业务的个人客户×××开设普通客户号一个 2. 开一卡通客户号：为×××开设一卡通客户号一个	输入个人客户的基本资料后，系统会自动生成一个客户号，记下此客户号	[个人储蓄→客户管理→开普通客户] [个人储蓄→客户管理→开一卡通客户]	1
	二、活期储蓄 1. 用上一步操作生成的普通客户号为×××开设普通存折存款账户及一卡通存款账户各一个，开户存款金额各为 5000 元 2. ×××的普通活期存款账户存款 2000 元，一卡通活期存款账户存款 8000 元 3. ×××的普通活期存款账户取款 1000 元，一卡通活期存款账户取款 2000 元	储蓄账号共 15 位，由前 10 位的客户号和后 5 位的账号后缀共同组成。其中账号后缀前 4 位为顺序号，第 5 位为校验位	[个人储蓄→活期储蓄]	3
	三、整存整取 1. 为×××开设普通整存整取账号一个，开户金额为 2000 元，存期为三个月 2. 对普通整存整取账号提前支取 1000 元 3. 为×××开设一卡通整存整取账号一个，开户金额为 6000 元，存期为一年 4. 对一卡通整存整取账户提前支取 1500 元	客户号仍为之前开设的普通客户号和一卡通客户号，账户后缀改变	[个人储蓄→整存整取]	4

续表

案　　例		说　　明	操　作	分值
个人储蓄业务	四、定活两便 1. 为×××开设普通定活两便账户一个，开户金额为2500元 2. 为×××开设一卡通定活两便账户一个，开户金额为3000元 3. 将普通定活两便账户销户 4. 将一卡通定活两便账户销户	客户号不变	[个人储蓄→定活两便]	4
	五、零存整取 1. 为×××开设普通零存整取账户一个，存期为1年，开户金额为3000元 2. 普通零存整取账户存款2000元 3. 普通零存整取账户销户	用普通客户号开立零存整取账户	[个人储蓄→零存整取]	3
	六、存本取息 1. 为×××开设存本取息账号一个，开户金额为10000元，存期为1年（输入存期代码：301），取息间隔为1个月 2. 存本取息销户	客户号为普通客户号，存折号为普通存折凭证号	[个人储蓄→存本取息]	2
	七、通知存款 1. 为×××开设普通通知存款账户一个，开户金额为80000元 2. 普通通知存款部分支取5000元，通知期为101或107 3. 普通通知存款账户销户，将该账户余额全部取出，通知期为101或107	客户号为普通客户号，存折号为普通存折凭证号，通知存款起存金额为5万元，超出5万元的业务操作要输入其他柜员的柜员号及密码进行复核	[个人储蓄→通知存款]	3
	八、普通支票 1. 为×××开设普通支票账户一个，开户金额为20000元，印鉴类别为：印鉴 2. 向普通支票账户存入现金3000元 3. 将之前已出库的25张支票出售给该支票账户 4. 从该支票账户中用支票取款1000元 5. 对该支票账户进行结清操作 6. 对该支票账户进行销户操作	客户号为普通客户号，支票出售为1元/张	[个人储蓄→普通支票]	6
	九、教育储蓄 1. 为×××开立普通教育储蓄账户一个，开户金额为1000元，存期为1年 2. 向普通教育储蓄账户存入现金500元 3. 将该普通教育储蓄账户进行销户处理	客户号为普通客户号，存折号为普通存折凭证号	[个人储蓄→教育储蓄]	3
	十、一卡通 1. 一卡通换凭证：凭证类型选一卡通，输入原凭证号及替换凭证号 2. 一卡通挂失 3. 一卡通解挂（不换凭证） 4. 一卡通解挂（换凭证） 5. 一卡通密码修改	挂失后的一卡通需要7天后才能进行解挂操作，凭证类型注意选择“一卡通”，客户号为一卡通客户号	[个人储蓄→一卡通]	4

续表

	案　　例	说　　明	操　作	分值
个人储蓄业务	十一、凭证业务 1. 将×××的普通存折进行换存折操作 2. 将×××的整存整取存单换掉 3. ×××的整存整取存单已遗失，对其进行挂失操作 4. ×××已挂失的存单又重新找到了，要对已挂失的存单解挂（不换凭证） 5. ×××的普通存折账号解挂，并替换原来的存折 6. 对×××的整存整取存单解挂（换存单） 7. 修改×××存款账户的密码	凭证业务是对存折或存单等凭证进行挂失或解挂操作，实际操作是注意选择对应的凭证类型	[个人储蓄→凭证业务]	7
知识要点	理解商业银行面向客户的客户化管理思想，掌握如何为个人储蓄客户开立客户号及活期存款账户、整存整取账户、定活两便账户，如何进行存取款业务操作，理解商业银行个人业务处理的业务规范和操作流程。掌握存本取息、通知存款、普通支票的业务规范及操作流程。熟悉教育储蓄、一卡通及凭证业务的规范及操作流程			
实验目的	学会开立客户号及相关账户开户、存取款操作的方法，体会普通柜员角色的业务处理过程。学会个人客户的存本取息、通知存款、普通支票业务处理方法。理解相关的专业术语。掌握一卡通及凭证特殊业务的处理方法			
课时安排	5 个课时			

表 4

	案　　例	说　　明	操　作	分值
特殊业务	一、表内记账 借方账号为：9 + 交易部门编号 + 1010100000；凭证类型：无；凭证号码：空；借贷：借；金额：1000 元 贷方账号为：9 + 交易部门编号 + 10101 + 柜员钱箱号；凭证类型：无；凭证号码：空；借贷：贷；金额 1000 元	借贷应平衡，否则无法操作完成	[通用模块→通用记账→表内通用记账]	1
特殊业务	二、表外记账 往普通储蓄存折库存账号（9 + 交易部门编号 + 1078100000），存入（收）20 元	可在“账户查询”中查到相关的表外账户，所有的表外账户均以“9”开头	[通用模块→通用记账→表外通用记账]	1
特殊业务	三、信息维护 1. 私人客户维护：输入×××的客户号，对其个人信息进行维护 2. 表内账户信息维护：输入×××的普通存折账号，对相关信息进行维护 3. 表外账户信息维护：输入表外账户（9 + 交易部门编号 + 1078100000），对账户名称进行维护	可在账户查询中查询相关账户的信息	[通用模块→信息维护]	3

续表

案例		说明	操作	分值
特殊业务	四、账户维护 1. 账户部分冻结：对×××的存款账户进行冻结操作，冻结金额为200元 2. 对×××已冻结的账户进行解冻，解冻金额为200元	对活期账户进行冻结和解冻操作	[通用模块→账户维护]	2
	五、交易维护 冲账处理：往×××的活期存款账户中存入1000元钱。后发现此操作有误。则从“交易查询”中查询到此笔交易的流水号，在“交易维护”中进行冲账处理，冲账后，此笔交易将被取消	对当天日结清算处理前操作的业务进行错账冲账处理	[通用模块→交易维护]	1
知识要点	理解表内记账及表外记账的含义			
实验目的	掌握通用记账的方法，学会如何对账户及交易进行维护			
课时安排	2个课时			

表5

案例		说明	操作	分值
代理业务	一、代扣业务 1. 代理合同新建 代理类别：水费托收 代理收付账号：9+交易部门编号+1040700001 客户名称：深圳市×××供水公司 2. 代理批量管理 输入系统自动生成的代理合同号，总笔数为1、总金额为200元，其他项不用填 3. 批量明细管理 输入代理合同号及批量号（代理交易序号），涉及对象账号为×××的活期存款账号，涉及对象标志为×××，涉及金额为200元 4. 逐笔代收（有代理清单） 按业务操作要求填入所有项目，收款金额为200元。执行后完成代收扣款操作 5. 批量托收（代扣） 输入合同号、批量号、总笔数为1、总金额为200，执行后完成整个代扣业务	新建代理合同时记录系统自动生成的“代理合同号”，新建代理业务记录“代理交易序号”	[代理业务]	5
	二、代发业务 1. 代理合同新建 代理类别：代发工资 代理收付账号：9+交易部门编号+1040700001 客户名称：深圳市×××科技有限公司 2. 代理批量管理 输入系统自动生成的代理合同号，总笔数为1，总金额为2000元，其他项不用填		[代理业务]	5

续表

	案例	说明	操作	分值
代理业务	4. 批量明细管理 输入代理合同号及批量号（代理交易序号），涉及对象账号为×××的活期存款账号，涉及对象标志为×××，涉及金额为2000元 5. 批量托收（代发） 输入合同号、批量号、总笔数为1、总金额为2000，执行后完成整个代发业务			
知识要点	代理业务主要分为两大类：一是代扣业务，如水费、电费、电话费等；二是代发业务，如代发工资。			
实验目的	掌握代扣业务和代发业务的业务流程及业务规范，学会如何操作这两项业务			
课时安排	2个课时			

二、对公会计业务案例

对公会计业务案例操作如图2所示：

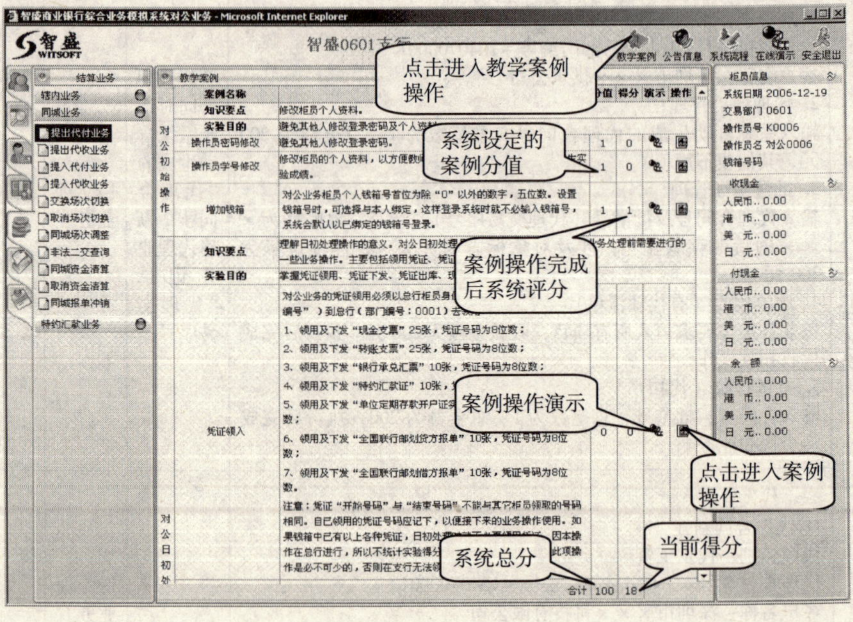

图 2

（一）对公柜员初始操作

表 5

案　　例	说　　明	操　　作	分值
操作员密码修改	修改学生的个人资料	［通用模块→操作员管理］	1
操作员学号修改		［通用模块→操作员管理］	1
增加钱箱		［通用模块→钱箱管理→增加钱箱］	1
知识要点：无			
实验目的：避免其他人修改登录密码及个人资料			
课时安排：无			

（二）对公日初处理

表 6

案　　例	说　　明	操　　作	分值
总行领用及下发凭证： 1. 领用及下发“现金支票”25 张，凭证号码为 8 位数 2. 领用及下发“转账支票”25 张，凭证号码为 8 位数 3. 领用及下发“银行承兑汇票”10 张，凭证号码为 8 位数 4. 领用及下发“特约汇款证”10 张，凭证号码为 8 位数 5. 领用及下发“单位定期存款开户证实书”10 张，凭证号码为 8 位数 6. 领用及下发“全国联行邮划贷方报单”10 张，凭证号码为 8 位数 7. 领用及下发“全国联行邮划借方报单”10 张，凭证号码为 8 位数	对公业务的凭证必须以总行柜员身份（k0001 或“k + 支行部门编号”）到总行（部门编号：0001）去领用，再下发到支行后方可从支行领用及出库	［通用模块→凭证管理→凭证领用］ ［通用模块→凭证管理→凭证下发］	2
支行领用凭证及凭证现金出库： 1. 将上述已从总行（0001）下发到支行的凭证领用到部门钱箱，再从部门钱箱出库到柜员个人钱箱中 2. 现金出库 20000 元	第一次做现金出库，因部门钱箱无现金，此操作无法进行。可在日终处理后，当日营业现金入库后再操作	［通用模块→凭证管理→凭证领用］ ［通用模块→钱箱管理→凭证出库］ ［通用模块→钱箱管理→现金出库］	2
知识要点：理解日初处理操作的意义			
实验目的：掌握凭证领用及下发的方法			
课时安排：1 个课时			

（三）日常业务操作

表 7

案例		说明	操作	分值
对公存贷	新开户业务： 1. 新开客户号：为深圳××××科技有限公司开客户号一个 2. 开基本存款账户：为深圳××××科技有限公司开对公存款“基本账户”一个（账户类别：工业存款；分析码：任意三个数字；存期：000；账户标志：基本户。其他项按默认内容） 3. 开定期存款账户：为深圳××××科技有限公司开对公存款“一年以内定期存款”账户一个（账户类别：工业存款；分析码：任意三个数字；存期：301；账户标志：专用户。其他项按默认内容）	一个企业只能有一个“基本账户”，此账户需在人民银行备案，可以提取现金	[对公存贷→新开户业务→新开客户号] [对公存贷→新开户业务→开存款账户]	2
	一般活期及临时存款： 1. 现金存款：深圳××××科技有限公司出纳到本支行柜台存入现金 200000 元到其基本账户里 2. 现金取款：深圳××××科技有限公司出纳到本支行柜台从该公司基本账户中提取现金 1000 元 3. 账户转账：深圳××××科技有限公司开出转账支票一张，用于支付往来货款1800 元，收款方为本支行开户的对公存款客户（转出账户为深圳××××科技有限公司基本账户，转入账户为其他公司在本支行开设的对公存款基本账户）	在进行此案例操作前应将已出库的支票出售给深圳××××科技有限公司	[对公存贷→一般活期及临时存款]	3
	定期存款账户： 1. 新开户金转账存款：从深圳××××科技有限公司基本账户中转出 50000 元到深圳××××科技有限公司定期存款账户 2. 新开户金现金存款：存入 100000 元现金到深圳××××科技有限公司定期存款账户 3. 部分提取转账：从深圳××××科技有限公司定期存款账户提前支取 8000 元（通知期为 101 或 107） 4. 销户转账：将深圳××××科技有限公司定期存款账户进行销户处理，该账户余额全部转账取出	应为深圳××××科技有限公司开立两个定期存款账户，一个用于转账存入资金，一个用于现金存入资金	[对公存贷→定期存款账户]	4

续表

案 例		说 明	操 作	分值
对公存贷	贷款业务： 1. 贷款借据管理：为深圳××××科技有限公司新建借据（存款账户为深圳××××科技有限公司的基本账户，贷款类别为“中期流动资金抵押质押贷款”，贷款金额为500000元，贷款利率为5‰，担保方式为抵押，贷款借据号为15位数） 2. 贷款发放：将深圳××××科技有限公司的500000元贷款发放（借据号为上一步操作所用借据号） 3. 部分还贷：将上一笔贷款部分还贷200000元 4. 贷款展期确认：将上一笔贷款的还款期限延长3个月 5. 全部还贷：将上一笔贷款全部还清	在银行业务中，给企业发放贷款应经信贷部门的审批后才能发放。本系统的贷款管理主要是处理贷款业务中的会计账务处理，不作贷款审批	[对公存贷→贷款管理] [对公存贷→贷款业务]	5
	汇票兑付： 1. 商业汇票承兑：深圳××××科技有限公司出纳到本支行申请开出一张票面金额为5000元的银行承兑商业汇票 2. 汇票到期付款：持有深圳××××科技有限公司所开出汇票的持票人到本行要求兑付票款	申请开出汇票后按票面金额100%扣除保证金，手续费为票面金额的万分之五，汇票到期兑付将保证金退回给汇票申请人	[对公存贷→汇票兑付]	2
知识要点：理解对公基本账户、定期账户、汇票业务的含义，理解对公客户号的意义				
实验目的：掌握对公存贷业务的基本操作流程和业务规范				
课时安排：5个课时				

表8

案 例		说 明	操 作	分值
个人贷款	消费贷款： 1. 新建×××消费贷款合同管理，贷款借据号为15位数，存款账号为×××在本支行开设的个人活期存款账户，贷款类别为“中长期住房按揭贷款”，贷款金额为80000元，贷款月利率为5.79‰，还款日期1年以上，贷款用途为购买楼房，经营商账户为房产商在本支行开立的对公活期存款账户，提保方式为抵押 2. 发放×××的个人消费贷款 3. 个人消费贷款调息：将×××的个人消费贷款月利率由5.79‰调整到6.37‰，调整比利为10% 4. ×××提前部分还贷10000元 5. ×××提前全部还清所有贷款余额7000元	存款账户为本行个人活期存款账户，经营商账户为在本行开户的对公活期存款账户	[个人贷款→消费贷款]	4

续表

	案　例	说　明	操　作	分值
个人贷款	助学贷款： 1. 助学贷款单位合同管理：为××××单位新建助学贷款合同 2. 消费贷款合同管理：为××××单位新建助学贷款借据（贷款借据号为15位数，贷款类别为“短期助学贷款”，贷款金额为6000元，贷款利率为3‰，贷款用途为“其他”） 3. 助学贷款借据管理维护：将上两步操作生成的贷款借据号及单位合同号录入，还款日期为1年以内 4. 个人消费贷款发放：录入借据号及贷款金额，经营商账户为××××单位对公活期存款账户，确认后将贷款发放到××××单位账户上 5. 助学贷款提前全部还贷：录入××××单位的借据号及还款金额，将此笔助学贷款全部提前还清	助学贷款的借据生成及贷款发放均在“消费贷款”的相应模块中操作完成	[个人贷款→助学贷款]	3
知识要点：理解个人贷款业务及助学贷款业务的含义				
实验目的：掌握个人贷款业务及助学款贷业务的操作流程及业务规范				
课时安排：2个课时				

表9

	案　例	说　明	操　作	分值
结算业务	辖内业务： 1. 现金通存管理：深圳××××软件技术有限公司是在本行其他支行网点开户的对公存款账户客户，该公司出纳到本支行网点存入现金28000元 2. 转账通存管理：深圳××××科技有限公司为本支行开户客户，该公司通过转账支票向深圳××××软件技术有限公司（本行其他支行网点开户客户）支付一笔金额为2000元的货款。“转出账号”为深圳××××科技有限公司的对公账户，“转入账号”为深圳××××软件技术有限公司的对公账户 3. 现金通兑管理：深圳××××软件技术有限公司（本行其他支行网点开户客户）出纳到本支行柜台办理支取现金1000元 4. 转账通兑管理：深圳××××软件技术有限公司（本行其他支行网点开户客户）向深圳××××科技有限公司（本支行开户客户）开出一张支付2120元的支票，用于支付货款。其中付款人账号为深圳××××软件技术有限公司对公活期账户，收款人账号为深圳××××科技有限公司（本支行开户客户）对公活期账户	操作本案例前，应先在其他支行网点为深圳××××软件技术有限公司开立一个对公基本账户，并购买支票。复核操作时需要换其他柜员操作	[结算业务→辖内业务]	4
	同城业务： 提出代付业务：深圳××××科技有限公司（本支行开户客户）持有一张其他公司（开户行：工商银行	凭证号码为他行开出的支票号码，本系统	[结算业务→同城业务→提出代付业务]	3

续表

案　　例		说　　明	操　作	分值
结算业务	深圳市分行深圳湾支行）开出的票面金额为58000元的转账支票，深圳××××科技有限公司出纳持该支票到本支行办理支票入账	不校验		
	同城业务： 提出代付退票：深圳××××科技有限公司（本支行开户客户）持有一张其他公司（开户行：工商银行深圳市分行深圳湾支行）开出的票面金额为6000元的转账支票，深圳××××科技有限公司出纳持该支票到本支行办理支票入账手续，经场次切换后支票还未作入账操作，此时同城票据交易中心发现该支票有问题，退回本支行，本支行作退票处理	未入账的支票才可以作退票处理	[结算业务→同城业务→提出代付业务→报单退票]	1
	同城业务： 提出代收业务：深圳××××科技有限公司（本支行开户客户）开出一张票面金额为1200元的转账支行给深圳AAA技术有限公司（开户行：中国银行深圳市分行福田支行），用于支付货款。深圳AAA技术有限公司出纳持该支票到本支行网点办理进账。经票据交换中心交换后再传递到本支行网点，本支行网点柜员按票面金额从深圳××××科技有限公司中扣除对应金额	当天场次切换操作完成后，经同城票据交换中心交换回来的支票才可以进行提出代收业务处理	[结算业务→同城业务→提出代收业务]	1
	同城业务： 提出代收退票：深圳××××科技有限公司（本支行开户客户）开出一张票面金额为500元的转账支票给深圳BBB系统有限公司（开户行：工商银行深圳市分行深圳湾支行），经场次切换后，该支票经票据交换中心传递到本支行网点，本支行柜员做“同城提出代收录入”及“报单复核”后从深圳××××科技有限公司账户上记借方500元（支付）。后本支行柜员发现该支票有问题，要做退票处理	退票时输入的场次应大于提出代收切换的场次。空场次切换为－1，－2，－3	[结算业务→同城业务→提出代收业务→报单退票]	1
	同城业务： 提入代付业务：深圳××××科技有限公司（本支行开户客户）开出一张票面金额为2500元的转账支票给深圳AAA公司（收款人），深圳AAA公司开户行为工商银行深圳市分行深圳湾支行，账户为8963236910001，深圳AAA公司出纳持该支票到工商银行深圳市分行深圳湾支行要求进账，工商银行深圳市分行深圳湾支行进行账务处理后将该支票及深圳AAA公司填写的进账单一并传递至票据交换中心，经本支行场次切换后再传递到本支行，该支票经本支行柜员做“提出代付录入”账务处理后，记深圳××××科技有限公司账户借方金额2500元	注意与“提出代收业务”之间的区别在于“提出代收业务”是在本支行办理入账手续，而本业务是在他行办理的进账手续	[结算业务→同城业务→提入代付业务]	1

续表

案例		说明	操作	分值
结算业务	同城业务： 提入代付退票：重复上一案例操作，操作完成后，本支行网点柜员发现支票有问题，需做退票处理	退票处理后，系统并不会实时将退票款返回给开票人，而是应等票据交换中心返回相关退票凭证后再将退票款退回给开票人	[结算业务→同城业务→提入代付业务→报单退票]	1
	同城业务： 提入代收业务：深圳××××科技有限公司（本支行开户客户）持有一张深圳××股份有限公司（开户行：工商银行深圳市分行深圳湾支行）开给本公司的一张票面金额为5600元的转账支票。深圳××××科技有限公司出纳持该支票到工商银行深圳市分行深圳湾支行办理进账手续。手续办理完成后，该支票经工商银行深圳市分行深圳湾支行提交到同城票据交换中心，同城票据交换中心再传递到本支行网点，本支行网点场次切换后即可入账处理。票款转入深圳××××科技有限公司账户里。同时，本支行网点将该支票进账单回执通过下一场次切换传递到票据交换中心	业务录入“票交场次”为当日切换的场次	[结算业务→同城业务→提入代收业务]	
	同城业务： 提入代收退票：重复上一案例操作内容，将票面金额改为2000元。支票入账后，本支行网点发现该支票有误，需作退票处理	退票处理后系统并不会实时将已入账的票款扣除，而应等对方行通过票据交换中心返回相关凭证后再做账务处理	[结算业务→同城业务→提入代收业务→报单退票]	1
	特约汇款业务： 1. 签发特约汇款证：深圳××××科技有限公司（本支行开户客户）出纳到本支行柜台申请开出一张票面金额为5500元的特约汇款证	汇票编号为“特约汇款证”凭证号码。付款人为本支行开户客户	[结算业务→特约汇款业务→签发特约汇款证]	1
	2. 兑付特约汇款证：深圳××××科技有限公司（本支行开户客户）公司持有一张深圳市华为信息有限公司签发的汇票，票面金额为3000元。在有效期内，深圳××××科技有限公司（本支行开户客户）公司出纳持票到本支行柜台要求兑付	付款人为他行开户客户，系统不检验汇票编号及账号。持票人为深圳××××科技有限公司（本支行开户客户）	[结算业务→特约汇款业务→兑付特约汇款证]	

续表

案　例		说　明	操　作	分值
结算业务	3. 特约汇款证转汇：统计当日本支行网点签发笔数金额及兑付笔数金额，实现支行网点与市行之间清差划拨操作	完成支行网点与市行之间的资金结算划拨操作	[结算业务→特约汇款业务→特约汇款证转汇]	1
	4. 开出特约汇款证：将已完成“特约汇证转汇”操作的汇票进行正式开出操作	此操作完成后，汇票状态由“转汇”变为“开出”，汇票正式生效	[结算业务→特约汇款业务→开出特约汇款证]	1
	5. 记联行往账：统计出“开出特约汇款证”总金额，进行“记联行往账”业务操作，报单类别为“QYDB全国联行邮划贷方报单”，发报行为“工商银行深圳市分行深圳湾支行”，收报行为“招商银行深圳市深纺大厦支行”	处理联行汇票资金清算业务	[结算业务→特约汇款业务→记联行往账]	1
	6. 记联行来账：深圳××××科技有限公司（本支行开户客户）收到一笔汇款5800元。联行报单号为“QYDB全国联行邮划贷方报单”凭证号，收款人账号为深圳××××科技有限公司账号，付款人为他行开户客户，系统不检验。发报行为“交通银行深圳市分行深南中支行”，收报行为“招商银行深圳市深纺大厦支行”	处理异地汇款业务	[结算业务→特约汇款业务→记联行来账]	1
	特约汇款业务： 7. 特约汇款证汇差清算：统计出当日联行往来账的金额与笔数，执行即可完成汇差清算操作	由清算中心柜员完成此操作	[结算业务→特约汇款业务→特约汇款证汇差清算]	1
	特约汇款业务： 8. 取消特约汇款证清算：将上一案例的操作取消，查询出已清算的情况，执行即完成取消清算操作	由清算中心柜员完成此操作	[结算业务→特约汇款业务→取消特约汇款证清算]	1
知识要点：理解结算业务中辖内业务及同城业务之间的区别				
实验目的：掌握结算业务中各种业务的操作流程及业务规范				
课时安排：5个课时				

（四）特殊业务操作

表10

案　例			说　明	操　作	分值
特殊业务操作	通用记账	表内通用记账： 将通过代理业务收取的2600元转入深圳××××科技有限公司（本支行开户客户）账户中	贷方账户为深圳××××科技有限公司账户，借方账户为业务周转金账户	[通用模块→通用记账→表内通用记账]	1

续表

		案例	说明	操作	分值
特殊业务操作	通用记账	表外通用记账： 往"有价单证"表外账户中收入 12 元。有价单证表外账户为：9 + 交易部门编号 + 1070100000	可通过"信息查询"模块来查找表外账户信息	[通用模块→通用记账→表外通用记账]	1
	信息维护	1. 输入深圳××××科技有限公司客户号，对该公司信息进行维护 2. 输入深圳××××科技有限公司账号，对该账号进行维护 3. 输入有价单证表外账户（9 + 交易部门编号 + 1070100000）账号，对该账户名称进行维护	可通过"信息查询"模块查找需要维护的账户信息	[通用模块→信息维护]	3
	内部账户维护	1. 综合账户开户：为业务代码为 477 的"总行借给支行资金"开一人账户 2. 内部账户销户：开设一个业务代码为 417 的"储蓄通存通兑分户"内部账户，再将其销户 3. 上存下拨合同发放：总行存 200000 元到本支行，存期为 2 个月（代码为 102），月利率为 3‰	可通过"信息查询"模块查到相关账户信息	[通用模块→内部账户维护]	3
	账户维护	1. 账户部分冻结：新开一个对公存账户，并存入 30000 元现金，然后冻结该账户 10000 元，冻结原因为"立案冻结" 2. 账户部分解冻：将上一案例冻结的账户解冻 3. 账户冻结：将新开户的对公账户冻结 4. 账户解冻：将冻结的账户解冻 5. 冲销户：新开一个对公存款账户，然后对该账户进行销户处理，现要重新启用该账户，对该账户进行"冲销户"处理，就可以重新启用该账户 6. 睡眠户激活：长时间未使用的账户系统会自动将其置于休眠状态。通过本操作可将此类账户重新激活启用	在账户冻结 7 天以后方可以进行账户解冻操作	[通用模块→账户维护]	5
	交易维护	冲账：向深圳××××科技有限公司对公存款账户里存入 12000 元现金，后发现此笔交易有误，记下此笔交易的错账日期和错账流水，在"冲账"模块中冲红处理此笔交易	冲账后此笔交易将消除	[通用模块→交易维护→冲账]	1
	凭证管理	1. 领用一本现金支票，再取消该现金支票的领用 2. 下发一本现金支票，再取消该现金支票下发	凭证下发操作要在总行（0001）完成	[通用模块→凭证管理]	1
	凭证挂失	1. 凭证挂失：为深圳××××科技有限公司（本支行开户客户）新开一个对公定期存款账户，存入现金 38000 元，再将此凭证挂失 2. 凭证解挂（不换凭证）：将上一案例操作挂失的凭证解挂 3. 凭证解挂（换凭证）：再次将此凭证挂失，7 天后再对其进行"凭证解挂（换凭证）"操作 4. 换存单：将深圳××××科技有限公司的定期存单用新的存单替换	换凭证解挂要 7 天后才能操作	[通用模块→凭证挂失]	4

续表

案例			说明	操作	分值
特殊业务操作	支票管理	1. 支票出售：将一本转账支票出售给深圳××××科技有限公司 2. 取消支票出售：将出售给深圳××××科技有限公司的一本支票取消出售 3. 支票挂失：将已出售给深圳××××科技有限公司且未使用的某一张支票挂失 4. 取消支票挂失：将已挂失的支票“取消支票挂失”，该支票又可以重新使用 5. 支票核销：给深圳××××科技有限公司新开一个活期存款账户，并出售一本支票给该公司，然后将该账户作销户处理，再将已出售给该公司的支票做核销处理 6. 取消支票核销：将上一个案例操作核销的支票作“取消支票核销”处理	核销支票的前提是该账户已销户	[通用模块→支票管理]	6
知识要点：理解特殊业务中的各专业术语的含义					
实验目的：掌握特殊业务中各项业务的操作方法					
课时安排：2个课时					

（五）对公日终处理及报表打印

表11

案例		说明	操作	分值
对公日终处理及报表打印	1. 日终轧账：对柜员个人钱箱进行轧账处理，查看个人钱箱中现金收付及凭证余额情况 2. 凭证入库：将所有未使用的凭证均进行“凭证入库”操作，入库到部门钱箱中 3. 现金入库：将个人钱箱中的现金入库到部门钱箱中 4. 部门轧账：查看部门钱箱中凭证及现金情况 5. 报表打印：打印当天营业报表	只有实验室服务器作了日终结算处理后，才能打印当天的营业报表，否则只能在第二天才能打印前一天的营业报表	[通用模块→钱箱管理]	2
知识要点：理解日终轧账与部门轧账之间的区别				
实验目的：掌握如何进行日终处理的方法与流程				
课时安排：1个课时				

后　记

当鼠年的钟声敲响时，我终于编写完了《商业银行综合业务实训教程》的初稿，听着窗外此起彼伏的鞭炮声，虽然很疲惫，但是，我还是想写下我想说的话，以作本书的后记。

写一本关于金融实验室实验指导方面的书，是我几年前就想做的事。在全球经济一体化、中国经济持续稳定增长、中国金融体制和监管措施日趋完善的大环境下，商业银行市场竞争日趋激烈，商业银行的产业结构在市场杠杆下不断调整，现有的管理体制和经营模式正经受冲击和变革，银行产品不断丰富、产品内涵也不断延伸，银行配套服务体系不断完善。

面对日新月异的市场发展变化，高校的教学必须尽快适应快速发展的市场状况，及时对市场进行反映。然而，传统的教学模式，通过理论的教学对学生进行讲解，学生看不到商业银行是如何通过指标进行分析的，课堂的教学也越来越滞后于迅速变化的市场。在学校的教学中如何让学生了解银行，如何从宏观上了解市场以及如何分析商业银行的内部经营，一直是高校教学的一个薄弱环节和难题。有鉴于此，通过引入商业银行真实的系统，在高校建立模拟实验和科研中心，可以使学生及时了解银行的业务及管理。还可以通过对商业银行建立的相关指标进行实际分析，通过相关数据让学生了解到银行的财务管理、资金管理及内部管理等多方面的管理指标，以及相关指标在银行应用的过程，使学生对商业银行经营和管理相关的课程有一个很好的补充，通过实验系统的操作让学生了解理论中的实际指标如何在银行应用，通过数据的展现体现先进银行的管理，同时，软件系统中提供的数据及相关模型也可以给教师的科研工作提供相关的辅助，教师还可以利用高校的资源优势，在高校进行一些课题研究，然后把研究成果应用到金融行业中去。本书的出版既满足了我多年的夙愿，又为高校的实验教学贡献了自己的一点绵薄之力，值得欣慰。

在本书付梓之际，首先，我要感谢深圳市智盛信息技术有限公司的业务员罗文彩同志，他在百忙之中为本书的结构和内容提出了很好的建议，并提供了一些相关资料，这为本书的写作奠定了基础。其次，感谢院长黄志刚教授、副院长张白教授，为本书的最后出版给予了悉心的指导和支持；感谢实验室主任郑双老师，对本书的写作和出版给予了大量的帮助和关心；感谢经济科学出版社吕萍主任和其他编辑同志们，他们对我的书稿给予了耐心的指导和帮助。最后，我还要感谢兰馨女士和刘懿楠小朋友，是他们无私的爱激励和支持我树立信心，战胜困难，最终得以完成本书。借此机会，表达我最真挚的谢意和感激！

由于本书的编写时间紧，头绪多，尽管反复做过修改，但我深知，限于个人的知识结构与能力，书中疏漏之处在所难免，敬请读者批评赐教。

刘晓潮

2008年5月

责任编辑：吕　萍　周秀霞
责任校对：徐领柱
版式设计：代小卫
技术编辑：邱　天

图书在版编目（CIP）数据

商业银行综合业务实验／刘晓潮编著．—北京：经济科学出版社，2008.5
ISBN 978-7-5058-7156-4

Ⅰ．商…　Ⅱ．刘…　Ⅲ．商业银行—银行业务—中国—教材　Ⅳ．F832.33

中国版本图书馆CIP数据核字（2008）第058359号

商业银行综合业务实验
刘晓潮　编著
经济科学出版社出版、发行　新华书店经销
社址：北京市海淀区阜成路甲28号　邮编：100036
总编室电话：88191217　发行部电话：88191540
网址：www.esp.com.cn
电子邮件：esp@esp.com.cn
北京汉德鼎印刷厂印刷
永胜装订厂装订
690×990　16开　16印张　270000字
2008年5月第1版　2008年5月第1次印刷
印数：0001—4000册
ISBN 978-7-5058-7156-4/F·6407　定价：24.00元
（图书出现印装问题，本社负责调换）